Pequenos seres vivos

Gilberto Martho

Licenciado em Ciências Biológicas pelo Instituto de Biociências da USP.

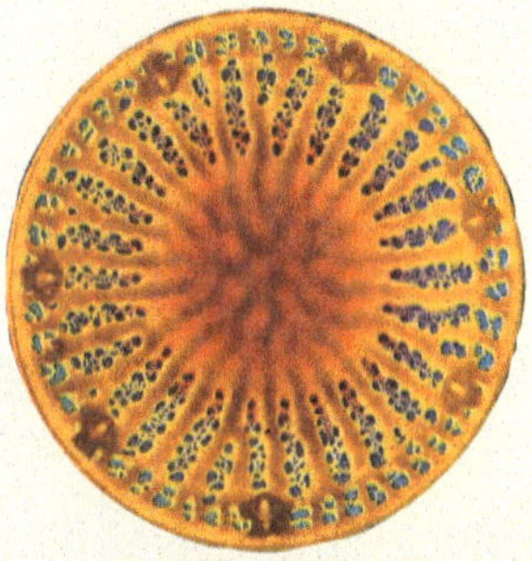

Texto ficcional

Carlos A. L. Salum

editora ática

de olho na **ciência**

Pequenos seres vivos

DIRETOR EDITORIAL Fernando Paixão
COORDENAÇÃO DA EDIÇÃO Leonardo Chianca (Jogo de Amarelinha)
EDITORA ASSISTENTE Angélica Pizzutto Pozzani
COORDENADORA DE REVISÃO Ivany Picasso Batista
REVISORA Cátia de Almeida

ARTE
PROJETO GRÁFICO DE CAPA Eduardo Rodrigues
EDITORA Suzana Laub
EDITOR ASSISTENTE Antônio Paulos
EDITORAÇÃO ELETRÔNICA Maps World, Eduardo Rodrigues
ICONOGRAFIA Silvio Kligin (coord.)
ILUSTRAÇÕES Marcelo Bicalho, Rivaldo Silveira
IMAGEM DE CAPA Alga unicelular *Cyclotella pseudostelligera*, que tem a carapaça constituída por sílica, o mesmo material de que é feito o vidro (foto ao microscópio eletrônico de transmissão, com aumento de cerca de 33.250 vezes).
© Dr. Ann Smith/Science Photo Library.

CIP-BRASIL. CATALOGAÇÃO NA FONTE
SINDICATO NACIONAL DOS EDITORES DE LIVROS, RJ

M332p
12.ed.

Martho, Gilberto Rodrigues, 1952-
Pequenos seres vivos / Gilberto Martho ; ilustrações Marcelo Bicalho & Rivaldo Silveira. - 12.ed. - São Paulo : Ática, 2004.
48p. : il. - (De olho na ciência)

Contém suplemento de atividades
ISBN 978-85-08-09181-2

1. Micro-organismos. 2. Ciências (Ensino fundamental). I. Título. II. Série.

05-1504. CDD 576
CDU 579

ISBN 978 85 08 09181-2

CL: 732010
CAE: 222685

2023
12ª edição
18ª impressão
Impressão e acabamento: Forma Certa Gráfica Digital

Avenida das Nações Unidas, 7221 – Pinheiros – São Paulo – SP – CEP 05425-902
Atendimento ao cliente: (0xx11) 4003-3061
atendimento@aticascipione.com.br – www.coletivoleitor.com.br

Sumário

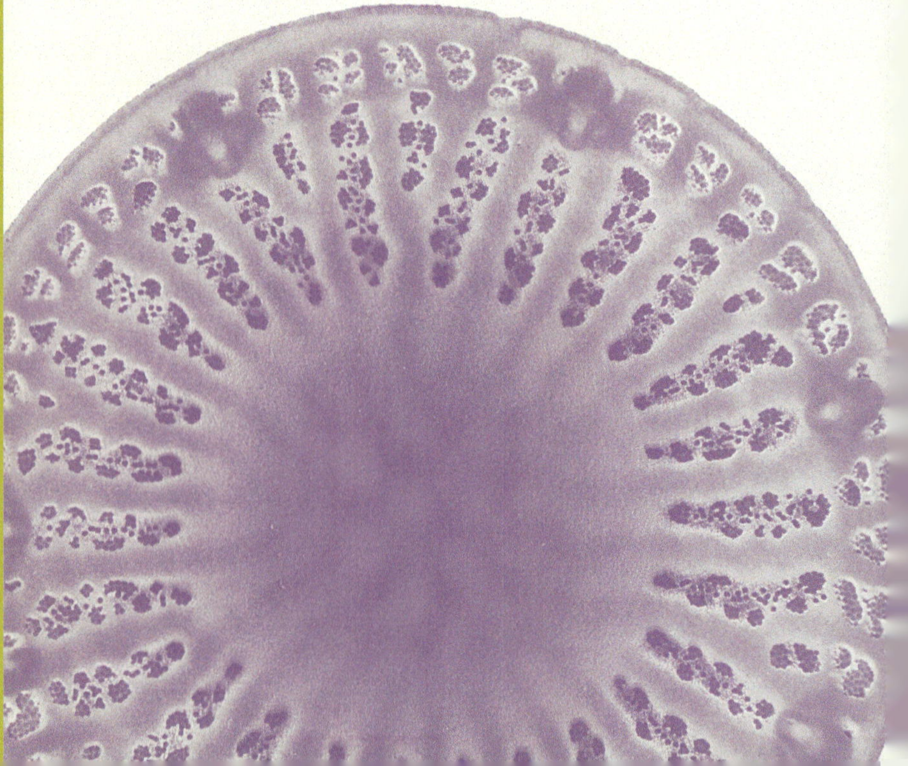

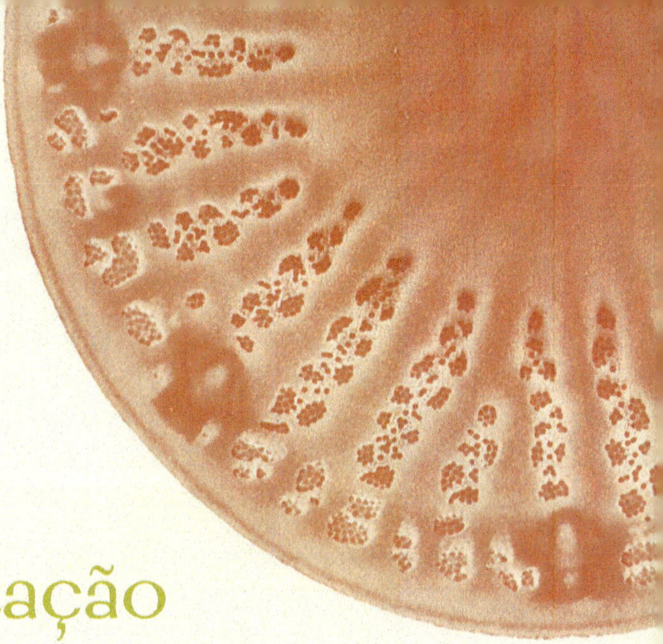

Apresentação

Este livro tem por objetivo desvendar o mundo dos micro-organismos, pequenos seres vivos presentes em toda a parte, mas que não podem ser vistos a olho nu.

Os micro-organismos ainda são muito pouco conhecidos, apesar de fazer mais de três séculos que os micróbios foram observados pela primeira vez. De lá para cá, milhares de cientistas do mundo inteiro procuram conhecer mais e mais sobre os fantásticos batalhões invisíveis presentes em todos os ambientes do planeta. Esses estudos são de extrema importância para a humanidade. Além de permitir a prevenção e o tratamento de doenças que muitos micro-organismos causam, os novos conhecimentos têm possibilitado aproveitar cada vez melhor esses seres na produção de alimentos, bebidas e, principalmente, remédios.

Você vai descobrir, após esta viagem pelo mundo dos micro-organismos, como a nossa vida está relacionada a esses pequenos seres vivos, desde a nossa própria higiene até a conservação das espécies e a preservação da natureza.

Jotagê descobre os micro-organismos

I

– José Geraldo! Desligue essa televisão e vá para a cama! Já é mais de meia-noite, menino...

– Mas, mamãe... Justo agora que a bolha assassina está destruindo tudo o que encontra pela frente! E você sabe muito bem que eu não gosto de ser chamado de José Geraldo. Meu nome é Jotagê, entendeu? Jotagê e pronto!

– Não me interessa como você prefere ser chamado. O que interessa é que amanhã cedo você tem de viajar para a casa do tio Haroldo e da tia Helena. Desligue essa tevê e vá para o quarto agora mesmo!

"Caramba", pensou Jotagê, enquanto desligava a televisão e rebobinava a fita de vídeo, obedecendo, relutante, à sua mãe.

– De que adianta a gente ter um vídeo na sala, se não posso usar? E essa história de ir passar as férias na casa daqueles meus dois primos vai ser difícil de aguentar... Eles não gostam de nada do que eu gosto. Acho que nunca foram ao cinema!

Se havia uma coisa que Jotagê adorava eram os filmes de aventura ou mistério Terror e ficção científica, então, era com ele mesmo. Depois que seu pai lhe comprara um videocassete, a televisão tornara-se seu passatempo predileto: nos três últimos fins de semana, nem saíra com os amigos, como costumava fazer. Em compensação, juntara-se a dois colegas de classe para assistir a quatro filmes de aventura e mais dois filmes de terror.

Antes de ir para o quarto, Jotagê passou pela cozinha. Sentia a garganta incomodando – talvez por ficar sentado muito tempo na mesma posição – e a água fresquinha do filtro aliviou a má sensação. Subiu as escadas lentamente e parou, indeciso, à porta do quarto dos pais.

– Paiê, posso levar o videocassete para a casa do tio Haroldo?

– Me deixe dormir, José Geraldo! Será que você não consegue pensar em outra coisa além de filme de televisão?

Aborrecido, Jotagê entrou no banheiro e olhou-se no espelho, sentindo-se o último dos mortais. Começou a escovar os dentes, desanimado, e sentiu, novamente, a garganta incomodando. Decidiu fazer um gargarejo com água fria para ver se melhorava: groóóóóóóó.

"Engraçado", pensou, "o barulho que a água faz na minha garganta parece o som daquela bolha maluca do filme, engolindo tudo e crescendo, crescendo..."

A voz da mãe, sonolenta, interrompeu-lhe os pensamentos:

– José Geraldo, você ainda não foi para a cama?

– Estou indo, mãe! Estou indo...

Foi para o quarto e entrou debaixo das cobertas. O sono veio logo, misturando-se com a lembrança das cenas do filme a que estivera assistindo. Antes de adormecer, e sonhar, resmungou, chateado:

– Meu nome é Jotagê!

Para sua grande surpresa, no dia seguinte, Jotagê descobriu que o tio Haroldo era muito legal, que tia Helena era um doce e que seus primos, Serginho e Liliam, não eram tão desinteressantes como pensava. Viajar sozinho, de ônibus, de São Paulo a Taquaritinga, havia sido emocionante, concluiu ele, no pomar da casa dos tios, enquanto chupava umas laranjas-lima muito doces, descascadas por Serginho. Afinal de contas, ter vindo para o interior talvez não tivesse sido tão ruim assim.

– Incríveis essas laranjas... – disse Jotagê, puxando conversa.

Serginho e Liliam compartilhavam com ele o gosto pelos filmes de aventuras e eram sócios da maior locadora de vídeos da região. De laranja a televisão, o assunto mudou rapidamente e logo a conversa fluiu entusiasmada entre eles.

– E o que você está achando da nossa cidade, primo? – perguntou Serginho.

– Um barato! – exclamou Jotagê. – Quer dizer, ainda não conheci muitos lugares...

E foi assim que, no finzinho da tarde, Serginho e Liliam convidaram o primo para um passeio a pé pelas ruas do centro. Apesar de estar com a garganta incomodando, agora mais do que na véspera, Jotagê não relutou em aceitar o convite.

Saíram os três, passeando pela praça em frente à igreja, pelo colégio estadual, pela praça de esportes, dando uma paradinha na lanchonete onde os amigos de seus primos costumavam se encontrar. Na volta, Liliam chamou a atenção de Jotagê para um casarão antigo, no meio de um jardim cheio de árvores:

– O povo diz que aquela casa é mal-assombrada... Que quando é noite de lua cheia, um fantasma aparece vagando pelos quartos...

— Besteira, Liliam! Fantasma só existe em filme de terror... Depois, tem outra casa no mesmo terreno, que está com as luzes acesas. Quem é que ia querer morar numa casa mal-assombrada?

Foi Serginho quem explicou: a casa do fundo era ocupada pelo caseiro, um homem solitário que cuidava da propriedade há muitos anos. Mas a casa da frente estava sempre fechada e dizia-se que tinha mesmo fantasmas.

Pensativo, Jotagê observou que, às primeiras sombras da noite, tudo no casarão contribuía para lhe dar um ar sinistro.

— Aposto que você não tem coragem de entrar aí dentro no escuro... — disse Liliam em tom de zombaria.

— Ei, espere aí! — retrucou Jotagê. — Você está insinuando que sou um covarde? Eu sou capaz de entrar e ficar nesse casarão aí, a noite inteira, com lua cheia ou sem ela! E continuo dizendo que fantasma é coisa que só existe no cinema! Qual é a tua, hein, Liliam?...

Serginho, como um autêntico diplomata, tratou de acalmar o primo, enquanto retomavam o caminho de volta. Mas Liliam percebera a facilidade com que Jotagê se melindrava e continuou arreliando:

— Não sei não, Jotagê... Ficar em casa, bem confortável, vendo um filme de terror, é muito fácil... O difícil é enfrentar um fantasma de verdade, cara a cara, numa casa mal-assombrada...

Jotagê já ia dando uma resposta mal-educada, mas sentiu a garganta seca e um arrepio de frio. Por isso nada disse, o que deu oportunidade a Serginho de intervir:

— Pare com isso, Liliam... É melhor a gente ir jantar...

II

Na manhã seguinte, Jotagê acordou com a cabeça pesada e o corpo dolorido. Durante o café da manhã, servido pela tia Helena, quase não comeu e falou pouco. Tio Haroldo, estranhando, perguntou-lhe o que estava acontecendo:

— Que é isso, José Geraldo? Nem bem começaram as férias e você já está sentindo falta da cidade grande?

— Não é nada disso — atalhou Liliam. — É que ontem a gente mostrou o casarão mal-assombrado e ele teve pesadelos a noite toda... Não é, Jotagê?

Antes que a menina continuasse, tia Helena repreendeu-a com um olhar severo:

— Deixe seu primo em paz, Liliam. Aqui em casa ele faz o que quer: e se ele não estiver com vontade de falar ou de comer, ninguém tem nada a ver com isso.

— Tá tudo bem, tia — respondeu Jotagê. — É que eu estou com a cabeça um pouco pesada... Acho que foi a mudança do ar: em São Paulo a gente não está acostumado a respirar tanto oxigênio...

Todos riram da piada e Jotagê logo se esqueceu do mal-estar. Findo o café da manhã, Serginho foi logo avisando:

— Prepare-se, primo, que a gente vai dar um mergulho na piscina do clube. Hoje o dia vai ser uma delícia!

— Eu também quero ir! Esperem só um pouquinho para eu pegar o meu biquíni — gritou Liliam, saindo na maior disparada em direção ao seu quarto.

— Tá bom... Mas não demore. O último a chegar é um ovo podre! — desafiou Jotagê.

À hora do almoço, voltando do clube, os três jovens passaram novamente diante do casarão. Jotagê parou e olhou longamente as velhas paredes amareladas, as venezianas fechadas, os caminhos sombreados por entre as árvores do quintal.

"De dia o lugar não parece tão assustador...", pensou. E reparando num carro estacionado dentro do quintal, perguntou:

— Ei, de quem será o fusca, lá perto da casa do fundo? Ontem não estava aí...

— Sei lá... — disse Serginho. — Vai ver que é da filha do caseiro; de vez em quando ela vem passar uns dias com ele...

Continuaram caminhando e Jotagê ia

pensativo. Uma quadra mais adiante, parou novamente e disse:

— Agora é época de lua cheia, não é? — e emendou: — Vocês sabem que eu até tenho vontade de ver como é esse fantasma?

— Mas você não disse que fantasma não existe? — perguntou Liliam em tom de gozação.

— Se não existir, tudo bem. Mas se existir, eu quero ver como ele é...

Durante o resto do caminho, combinaram a aventura: à noite, depois que tio Haroldo e tia Helena estivessem dormindo, sairiam de casa escondidos e viriam até o casarão. Dariam um jeito de entrar e ficariam à espera do fantasma. Voltariam para casa antes do amanhecer, de modo que ninguém perceberia a ausência deles.

A tarde foi dedicada aos preparativos: comprar pilhas para a lanterna que levariam, separar roupas escuras para não serem notados, descobrir os melhores lugares para pular o muro e entrar na casa, arrumar chaves velhas e algumas ferramentas, para o caso de terem que forçar uma porta ou janela. Tudo como fariam os personagens de um filme de suspense.

Na hora marcada, saíram de casa, pé ante pé. Jotagê piorara, durante a tarde, e sentia arrepios de frio, a garganta dolorida, o corpo todo moído, como se tivesse levado uma surra. Mas nada deixou transparecer, para que os primos não pensassem que estava arrumando uma desculpa para poder desistir.

Pularam o muro silenciosamente e dirigiram-se a uma das janelas laterais do casarão, que parecia ser a mais fácil de abrir por fora. Cautelosamente, Serginho e Jotagê começaram a forçá-la. Liliam, por sua vez, vigiava. No exato instante em que a veneziana cedeu, com um estalo seco, ouviu-se um miado e Liliam soltou um grito abafado, mas que, no silêncio da noite, podia ser ouvido a uma boa distância.

Quem nunca sentiu o coração aos pulos, depois de um grande susto? Foi exatamente isso que aconteceu aos três jovens naquele momento: Jotagê, que se sentia pior a cada minuto que passava, quase desmaiou; Serginho, lutando para recuperar a calma, perguntou à irmã, em voz muito baixa:

— O que foi, menina? Quer que descubram a gente aqui?

— Ga... ga... gato! Um gato enorme, branco e preto, passou que nem uma bala perto de mim e me deu o maior susto! — sussurrou Liliam.

— Gato em noite de lua cheia é sinal de azar... — disse Jotagê, tremendo de febre.

— Tá com medo, primo? Ainda é tempo de desistir... — Achando que o tremor de Jotagê era de medo puro, a jovem insistiu: — Vamos entrar ou voltamos para casa?

Jotagê, indignado, nem respondeu. Aca-

bou de abrir a janela que tinham forçado e entrou por ela, resistindo ao mal-estar. Já dentro do casarão acendeu a lanterna e se viu numa biblioteca: estantes cheias de livros em encadernações antigas, encostadas nas paredes; móveis cobertos com lençóis brancos e, surpreendentemente, destoando do ar antigo do aposento, um microcomputador último tipo. Subitamente, Jotagê sentiu-se muito fraco e tudo rodou à sua volta. Estendeu a mão, tentando apoiar-se em alguma coisa, e desmoronou, levando com ele um abajur que estava junto à janela por onde entrara, provocando um grande estrondo que ressoou pela casa toda.

Serginho e Liliam, que acabavam de entrar atrás de Jotagê, estacaram, assustados. E ouviram o som de passos descendo apressadamente a escada, vindos do andar de cima do casarão.

— O fantasma! Ele vai pegar a gente! — gritaram os irmãos ao mesmo tempo.

Liliam entrara em pânico. E seu irmão, com a boca seca e um grande frio na barriga, não sabia o que fazer. Foi quando as luzes se acenderam: à porta da biblioteca apareceu um homem de barba, meia-idade, óculos de lentes grossas ressaltando olhos de quem acabou de acordar e ainda está com sono. Ao seu lado, um gato — o mesmo que assustara Liliam momentos antes — assistindo, cheio de curiosidade, a cena que se desenrolava. Jotagê estava estendido no chão, ali mesmo onde caíra, e seus primos logo atrás, brancos de susto e apavorados.

— O que está acontecendo aqui? Quem são vocês? — Ao mesmo tempo, o homem foi na direção de Jotagê e colocou a mão na testa do garoto desacordado. — Mas esse menino está doente — continuou ele —, está com uma febre muito alta! É melhor acomodá-lo na poltrona.

Enquanto tentava ajudar, Serginho explicou, como pôde, o que tinha acontecido. Liliam, recuperando a confiança abalada por todo o incidente, confirmou a história do irmão e acrescentou:

— Mas nós não sabíamos que ele estava doente... Eu pensei que ele estava tremendo era de medo...

— Seja como for, o que nós temos de fazer agora é chamar um médico para examinar o seu primo. Mas antes disso, quero me apresentar: sou o professor Orlando Carneiro. Aluguei esta casa para poder trabalhar sossegado durante estas férias. — E, apontando o gato, que já se esfregava, todo dengoso, nas pernas de Liliam, completou: — Este é o Anticorpus.

Como se soubesse que era com ele, Anticorpus miou e deu um salto até o braço da poltrona onde Jotagê começava a voltar a si. O professor Carneiro ajudou o garoto a sentar direito, depois explicou que ia se vestir, e rapidamente estavam em seu carro (o fusca que Liliam pensara ser da filha do caseiro), rumo à casa de tio Haroldo.

III

Os tios de Jotagê foram acordados em plena madrugada, e não entenderam nada.

— Mas onde é que vocês estavam? — quis saber tia Helena, assustada. E dirigindo-se ao professor Carneiro, perguntou: — E o senhor, de onde saiu?

Ouvidas as explicações, tia Helena pôs Jotagê na cama e tio Haroldo telefonou para o médico da família. Enquanto esperavam, na sala de estar, Liliam observava a conversa entre os dois homens. O professor Carneiro contou que dava aulas de Biologia e que estava escrevendo um livro sobre micro-organismos para o público jovem.

— Micro-organismos? E o que é isso? — intrometeu-se Liliam.

— São pequenos seres vivos, invisíveis a olho nu, descobertos pelos cientistas depois da invenção do microscópio — explicou o professor. — Veja a doença do seu primo, por exemplo. Você reparou que ele está com um cheiro azedo na boca?

— Eu sei que cheiro é esse — respondeu

a menina. — A mamãe chama de "cheiro de infecção"...

— Pois é — continuou o professor. — Ele é produzido por micro-organismos: bactérias, provavelmente, que se instalaram na garganta de Jotagê e provocaram uma infecção...

— Infecção? E... como faz para sarar? — quis saber a garota, aflita.

— Com antibióticos. Só que há algumas bactérias que são resistentes aos tipos mais comuns de antibióticos e, às vezes, é preciso fazer um antibiograma, que é um exame de laboratório, para descobrir qual é o medicamento mais eficaz para eliminar os micro-organismos causadores da doença e ajudar o corpo a recuperar a saúde.

— Quer dizer que os micro-organismos são grandes malvados... — concluiu a garota.

— Não é bem assim, Liliam — disse o professor, rindo. — Há alguns deles que provocam doenças, mas há outros que são muito importantes e úteis para a vida humana. Amanhã eu vou trazer, para vocês lerem, os originais do meu livro e tenho certeza de que você vai compreender muito melhor essa questão.

Depois de examinado pelo médico, Jotagê ficou sabendo que teria de ficar de molho até melhorar — e teve muito tempo para ler o livro escrito pelo professor. Todas as tardes, ele, Liliam e Serginho liam um capítulo, em voz alta, e depois discutiam o que haviam lido. Às vezes, o professor Carneiro vinha visitar o doente, sempre acompanhado por Anticorpus, e os três jovens expunham as suas dúvidas e aprendiam cada vez mais sobre o mundo invisível dos micro-organismos.

Por estranho que pareça, e apesar de tio Haroldo ter alugado várias fitas de vídeo "para ajudar o tempo a passar mais rápido", durante os dias em que Jotagê esteve de cama os heróis da tela passaram para o segundo plano. Assim que a febre baixou e ele começou a melhorar, entusiasmou-se com o trabalho do professor Carneiro, cheio de importância por ter-se tornado amigo "de um grande escritor", como passou a dizer daí em diante.

Antes de continuar com a história de Jotagê, você precisa saber o que, afinal de contas, ele viu de tão interessante no livro do professor Carneiro, a ponto de pouco ligar para todos os filmes de aventuras que estiveram à sua disposição durante aqueles dias.

Lendo o texto a seguir, você certamente perceberá que o mundo desses seres microscópicos é simplesmente fascinante, quando o examinamos de perto e sem preconceitos.

Em um passeio ao Jardim Zoológico vemos uma grande variedade de animais. Ficamos fascinados com o tamanho e a tranquilidade do elefante e com a leveza e a agilidade dos pequenos macacos. E há ainda a girafa e o camelo, os leões e as onças, as pacas e as capivaras, os cisnes e as cobras; essas são apenas algumas das centenas de espécies de animais que os zoológicos reúnem.

Já no Jardim Botânico temos também a oportunidade de ver outros tipos de seres vivos, tão interessantes quanto os animais: as plantas. Centenas de tipos vegetais, pequenos e grandes, com flores e folhagens das mais variadas, fazem-nos perceber como a natureza é caprichosa na criação da imensa variedade das formas viventes.

Por mais completas que sejam as coleções dos jardins zoológicos e botânicos, podemos estar certos de uma coisa: eles reunirão somente uma pequena parcela dos seres vivos existentes na natureza. Basta dizer que já foram descobertas mais de um milhão e meio de espécies distintas, e esse número deve aumentar ainda mais, à medida que formos descobrindo novos tipos de seres.

Boa parte dos seres vivos tem tamanho pequeno, e há pelo menos uns 100 mil tipos totalmente invisíveis a olho nu. Tais seres só foram descobertos depois da invenção do microscópio, que ocorreu há aproximadamente trezentos anos.

Já pensou como seria visitar um zoológico que reunisse apenas os pequenos seres invisíveis a olho nu? Para começar, eles não estariam em jaulas, e sim sobre lâminas de

vidro. Essas lâminas teriam de ser olhadas através de microscópios para que pudéssemos apreciar os seres em exposição.

Nos zoológicos modernos, os cientistas tentam recriar o ambiente onde vivia o animal que está exposto. Isso faz com que ele se sinta à vontade, e assim imaginamos melhor seus hábitos e seu comportamento no ambiente natural. Pois bem, o zoológico dos pequenos seres vivos poderia ter também, além dos microscópios, recriações dos ambientes onde vivem os seres exibidos nas lâminas. Como seriam esses ambientes?

Na Ala das Algas de Água Doce, por exemplo, teria de haver lagos de água parada e limpa, pois é nesse tipo de ambiente que vivem dezenas de espécies de algas microscópicas. Já na Ala das Algas de Água Salgada poderia haver fotos de várias regiões do mar, com amostras de suas águas mantidas em tanques bem iluminados. Embora a olho nu não percebamos nada, se pusermos gotas dessas águas em lâminas e olharmos no microscópio, veremos as mais variadas formas de algas marinhas; elas lembram, como as de água doce, pequenas plantinhas microscópicas.

Para irmos à Ala das Bactérias e Fungos Microscópicos, certamente poderíamos nos guiar pelo olfato: muitas bactérias e fungos vivem do apodrecimento do corpo de animais e plantas, exalando um cheiro característico. No microscópio, esses seres revelam pequeno tamanho e curiosas formas; por sua importância para a nossa vida, eles merecem que lhes dediquemos atenção.

Na Ala dos Vírus, todo o cuidado é pouco. Para muitos deles, o melhor ambiente para viver é o interior de nosso corpo. Precisaríamos, então, colocar máscaras protetoras e agir com cautela, pois, se entrarem em nosso corpo, os vírus causarão doenças. Eles são tão pequenos que podem flutuar no ar; para vê-los, o microscópio comum não basta, sendo necessário usar o microscópio eletrônico.

Esses são alguns dos seres microscópicos que nosso zoológico imaginário poderia conter. Neste livro você irá conhecê-los melhor. Os seres invisíveis são incrivelmente abundantes e estão por toda a parte; não fosse nossa limitação visual, bastaria contemplar uma simples gota d'água de um lago para vermos, qual num zoológico, uma ampla coleção de pequenos seres vivos.

Orlando Carneiro

1

Micro-organismos por toda a parte

Nosso primeiro encontro com os micro-organismos ocorre na hora exata em que nascemos. Até então, cada ser humano vivia no interior de uma bolsa cheia de líquido, dentro da barriga de sua mãe; nessa bolsa, os micro-organismos não conseguem penetrar.

Na hora do nascimento, porém, a bolsa protetora se rompe e o bebê é expulso pelo canal vaginal. É nesse instante que ocorre seu primeiro contato com seres invisíveis que o acompanharão pelo resto da vida: bactérias que vivem na vagina da mãe instalam-se sobre a pele do recém-nascido.

Logo depois, outras bactérias hospedam-se na boca, nas vias respiratórias e no intestino. A grande maioria dessas bactérias não nos faz mal nenhum, e podemos considerá-las nossas hóspedes normais. As que vivem em nossa pele, por exemplo, estão tão bem estabelecidas nas dobrinhas e nas glândulas sebáceas e sudoríparas, que nem mesmo o mais demorado banho conseguiria eliminá-las por completo.

Bactérias

Muitas bactérias, quando conseguem penetrar em nosso corpo, causam doenças que podem ser fatais. Um dos inimigos mais implacáveis da humanidade (hoje felizmente sob controle) foi a bactéria *Pasteurella pestis*, causadora da famigerada peste negra. E falando de doenças mais brandas, quem de nós nunca teve uma infecção de garganta, ou mesmo uma disenteria provocada por bactérias?

Como as bactérias vivem em quase todos os lugares, é praticamente impossível não termos contato com elas. Bactérias podem penetrar em nosso corpo junto com o ar que respiramos, e é por isso que se deve evitar a proximidade com pessoas que estão com uma infecção de garganta, por exemplo.

Outras bactérias estão presentes na água e nos alimentos que comemos. Assim, se bebermos ou comermos alimentos contaminados por bactérias nocivas, podemos adquirir vários tipos de infecções.

DAVID SCHARF/SCIENCE PHOTO LIBRARY

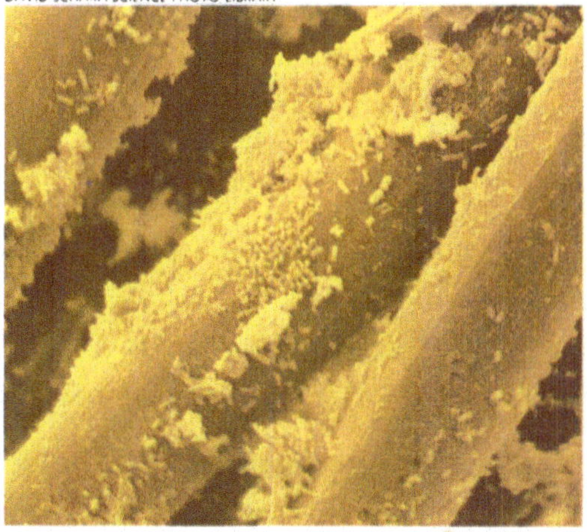

A

DAVID SCHARF/SCIENCE PHOTO LIBRARY

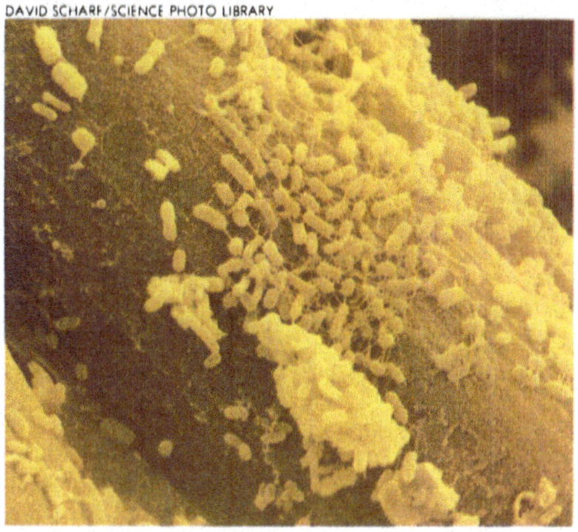

B

DAVID SCHARF/SCIENCE PHOTO LIBRARY

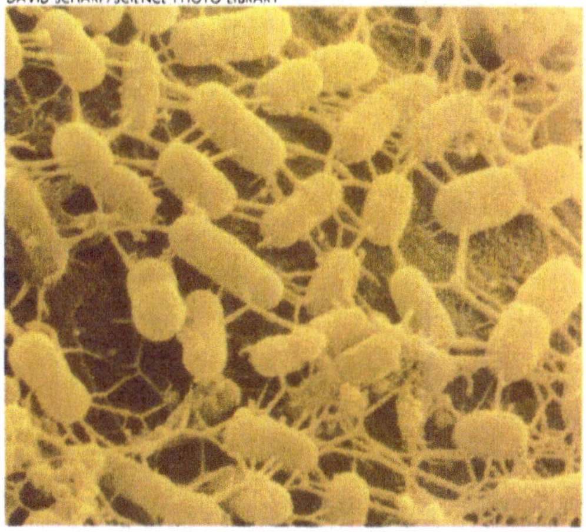

C

Bactérias em forma de bastonete, encontradas nas fibras de uma esponja de limpeza usada. Fotografia no microscópio eletrônico de varredura. Ampliações de 820 vezes (A), 2 200 vezes (B) e 8 800 vezes (C).

Os ferimentos na pele são os locais por onde as bactérias penetram mais facilmente em nosso corpo. Através das feridas, elas podem entrar diretamente no sangue, por onde se espalham em nosso organismo.

Imagine como era o mundo antes de se saber da existência das bactérias e de se conhecer sua capacidade de provocar doenças. Pessoas que viviam junto com doentes quase sempre adoeciam também, uma vez que nem suspeitavam que a causa do mal eram os micro-organismos.

A negra história da peste

No ano de 541 da era cristã, a morte navegou pelo mar Mediterrâneo e atingiu a Turquia europeia. Vinda do centro da África, a peste fez a primeira de suas mortíferas aparições em grande escala.

A peste bubônica, ou peste negra, espalhou-se rapidamente por toda a Europa, tendo como foco a cidade turca de Constantinopla (hoje Istambul). Os relatos da época dão conta de que no auge da peste morriam, nessa cidade, cerca de 10 000 pessoas por dia.

As cidades e os campos foram abandonados, mas as populações não tinham como fugir: uma pessoa atacada pela peste durava pouco mais do que cinco dias. Foram duzentos e tantos anos de terror, nos quais ocorreram cinco picos epidêmicos, levando à morte um número estimado de 40 milhões de pessoas. Depois disso, a peste desapareceu misteriosamente da Europa.

Seis séculos depois, em 1346, ela retornou a uma Europa mais populosa, seguindo as rotas de navios e de caravanas que chegavam da Ásia. Menos de cinco anos após sua reaparição, a peste já havia feito mais de 25 milhões de vítimas apenas no continente europeu. A morte era tanta que as pessoas, amedrontadas, achavam que havia chegado o fim do mundo. Não havia escapatória, não havia cura. E o pior de tudo era que não se sabia o que causava a peste, o maior flagelo de que a humanidade foi vítima.

A peste continuou assolando a Europa em sucessivas ondas imprevisíveis de mortandade em massa. Em um rápido assalto a Londres, em 1665, morreriam não menos que 68 000 londrinos. Alguns estimam que de 1348 a 1379 a população da Inglaterra foi reduzida em quase 50%, passando de 3,8 para 2,1 milhões de habitantes.

No início do século XIX, a peste empreendeu seu terceiro e último ataque, agora em escala mundial, aproveitando as inúmeras rotas de comércio marítimo que se abriram no mundo moderno. Vinda do continente chinês, a peste chegou em Hong Kong em 1894, de onde se espalhou para todos os continentes.

Estava chegando ao fim, porém, o terrível flagelo. No século XX, finalmente, a humanidade descobriu a "cara" da peste e desvendou toda a trama de suas mortais conexões.

As conexões fatais

O ataque da peste ao organismo humano é devastador: o doente é acometido de febres delirantes e aparecem os *bubões*, dolorosos inchaços localizados nas axilas e nas virilhas; vem daí a denominação de peste bubônica.

No ano de 1894, o francês Dr. Alexandre Yersin, que trabalhava em Hong Kong a serviço do Instituto Pasteur, dissecou e analisou no microscópio os bubões de doentes de peste. Ele chegou à conclusão de que a peste negra era causada pela bactéria *Pasteurella pestis*.

O próximo passo foi dado em 1911 por outro francês, o Dr. Paul-Louis

GILBERTO MARTHO

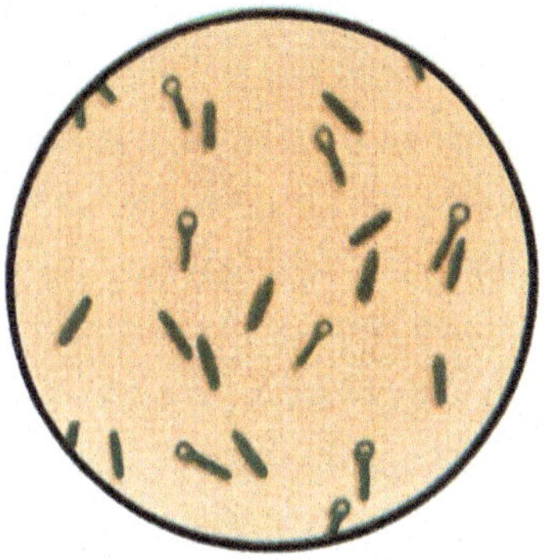

Lavar imediatamente uma ferida previne o tétano, doença grave causada por bactérias que vivem na terra. No detalhe, desenho das bactérias tetânicas, cujo nome científico é *Clostridium tetanii* (aumento aproximado de 2.000 vezes). As bactérias que lembram um fósforo são as que formaram esporos, capazes de resistir a condições desfavoráveis até encontrar um hospedeiro.

Simond, que descobriu que eram as pulgas que transmitiam as bactérias dos ratos para o homem.

Ratos, bactérias, pulgas. É essa a mortal conexão, que, por ser desconhecida, fez milhões de vítimas. Os ratos são os hospedeiros naturais das bactérias da peste, porém não as transmitem diretamente para o homem. São as pulgas de ratos, que também picam o homem, os *vetores* da doença.

Os bubões, as mais evidentes marcas da peste, são enormes ínguas que revelam que o corpo já está tomado pelas bactérias. Um bubão é um gânglio linfático extremamente inflamado devido a neles ficar retido o agente infeccioso, no caso a *Pasteurella pestis*. Os gânglios fazem parte de nosso sistema de defesa, filtrando um fluido incolor que temos no corpo — a linfa —, dele retirando bactérias e corpos estranhos. As defesas do organismo não são capazes de debelar a infecção causada pela *Pasteurella*, de modo que as bactérias logo se espalham por todo o corpo e atingem diversos órgãos; a maioria das vítimas morre em pouco mais de cinco dias.

Muitas vezes, a infecção atinge rapidamente os pulmões. A morte, então, sobrevém em três dias ou menos. Esta é a forma *pneumônica* da peste, que além de ser a mais mortal, é também altamente contagiosa. Sem as devidas precauções, as pessoas mais chegadas ao doente podem se contaminar pelo toque, pelo ar ou por utensílios usados em comum (talheres, toalhas etc.). Era isso o que frequentemente acontecia em quase todos os lares, durante os primeiros surtos da peste.

Na década de 1930 os médicos começaram a empregar sulfas no tratamento das pessoas doentes. A partir de 1940 já havia novos antibióticos, muito eficientes no combate da bactéria no interior do organismo humano.

Uma vez descobertas as causas da peste, o inimigo foi desmascarado. Hoje é possível curar uma pessoa doente, desde que tratada a tempo. A morte pela peste negra, que ainda ocorre em nossos dias, pode ser evitada simplesmente com cuidados de higiene. Homens não devem conviver em meio a ratos e pulgas.

Em nosso mundo pobre, todavia, as condições de vida ainda estão longe de serem as ideais. A pobreza material tem a mesma gravidade da pobreza de conhecimento. Muitas e muitas pessoas neste nosso mundo não fazem a menor ideia de que existem pequenos seres vivos capazes de matá-las. Muito menos sabem como se proteger deles.

ANO DE CHEGADA DA PESTE

1347 1348 1349

1350 1351 1352

Rotas Marítimas

BIOPHOTO ASSOCIACIATES/SCIENCE PHOTO LIBRARY

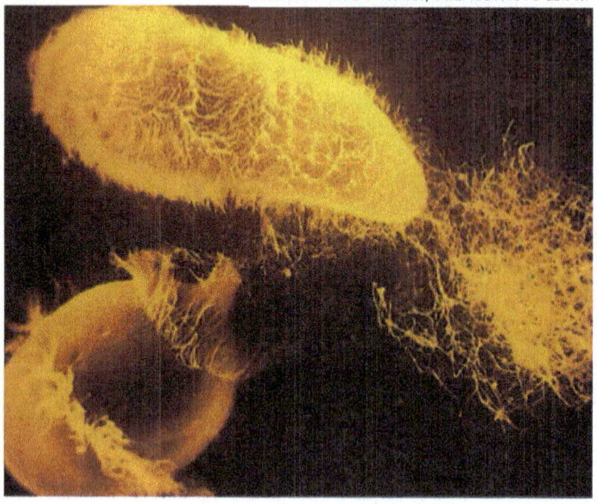

Dois protozoários de água doce, fotografados no microscópio eletrônico de varredura (ampliação de 210 vezes). A foto foi tirada no momento em que o *Didinium* (que lembra um barrilzinho) atacava o *Paramecium*. Este, tentando se defender, soltou uma nuvem de filamentos, que não atingiram o alvo.

R.B. TAYLOR/ SCIENCE PHOTO LIBRAY

Uma alga verde, filamentosa e ramificada, parece uma plantinha microscópica. Esta fotografia, obtida no microscópio óptico, mostra a alga de água doce *Chaetophora* ampliada cerca de 400 vezes.

Quando os cientistas finalmente identificaram as bactérias como a causa de inúmeras doenças, houve um dos maiores avanços da medicina. Antes de se saber disso, o número de pessoas que contraía doenças infecciosas era enorme. O simples ato de lavar imediatamente uma ferida, mantendo-a protegida, tem salvado milhões de pessoas da morte pelo tétano, uma doença grave causada por bactérias que vivem na terra.

As bactérias, apesar de tão pequenas, têm merecido grandes atenções por parte da humanidade, e voltaremos a falar delas mais adiante. Não devemos esquecer, porém, que estamos rodeados por muitos outros tipos de micro-organismos: são eles os *protozoários*, as *algas* e os *fungos*.

Protozoários

A maioria dos protozoários vive nas águas de rios, lagos e mares, onde se alimentam de bactérias e de outros seres microscópicos. Alguns tipos são capazes de nadar com rapidez, graças a pelinhos móveis que batem como nadadeiras.

Dentre as centenas de tipos de protozoários que conhecemos, há alguns que podem invadir nosso corpo e causar doenças. A malária, por exemplo, é uma doença causada por um tipo de protozoário que vive no sangue. Em uma fase de sua vida, esses protozoários habitam também o corpo de certos mosquitos, que os injetam em nosso sangue quando nos picam a pele.

Algas

A maior parte das algas microscópicas vive, como os protozoários, no ambiente aquático, seja de água doce ou salgada. Existem alguns tipos de algas que são macroscópicas, e você pode estar se lembrando de já ter visto grandes algas marinhas que parecem plantas, grudadas nas rochas à beira do mar.

Nos mares e lagos, há uma imensa população de algas microscópicas coloridas que constituem o alimento de pequenos animais, dos quais, por sua vez, os peixes se alimentam. Essas algas microscópicas têm uma importância ainda maior do que se imaginava: sua influência afeta diretamente o clima de todo o planeta, como veremos mais adiante.

Não existe nenhum tipo de alga que viva em nosso corpo. Há animais, porém, que podem hospedar algas em seu organismo. Um exemplo é o pequeno animal de água doce chamado hidra verde, que é parente das águas-vivas. No corpo da hidra verde vive uma verdadeira colônia de algas verdes microscópicas, que não lhe causa mal algum. Pelo contrário, estudos recentes mostram que, além de emprestarem à hidra uma bonita coloração esverdeada, as algas ajudam-na a viver: fazendo fotossíntese, elas produzem alimentos para a hidra, que se beneficia como se tivesse uma verdadeira horta microscópica dentro do corpo.

SAUER/NATURE

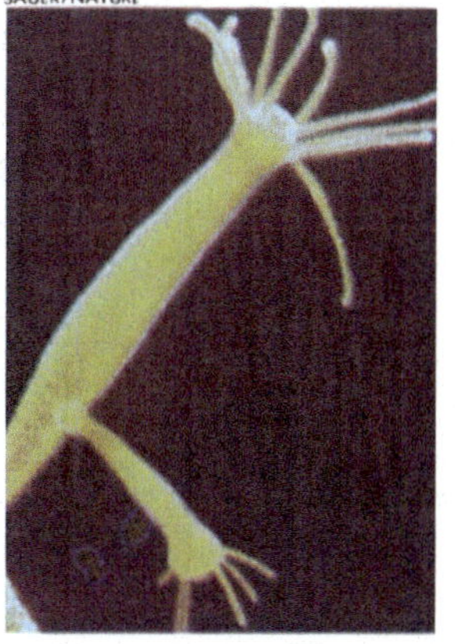

A cor verde da hidra é decorrente de verdadeiros jardins de algas microscópicas que vivem em seu corpo (invisíveis neste grau de ampliação).

Fungos

Os fungos são outros pequenos seres, abundantes em quase todos os lugares. O bolor que vemos crescer nas roupas guardadas úmidas, nos objetos de couro e madeira e também nos alimentos é um tipo de fungo. Se olhássemos o bolor no microscópio, veríamos os fiozinhos microscópicos que o constituem.

Um fungo microscópico velho conhecido da humanidade é o levedo, popularmente chamado de fermento. Se dissolvermos um pedacinho de fermento de padaria em uma gota d'água e olharmos no microscópio, veremos milhares de pequenos levedos de forma oval. São eles que fazem a fermentação da massa do pão, para que ele cresça e fique macio.

Não se pode esquecer, porém, que alguns fungos microscópicos podem penetrar em nosso corpo e provocar doenças. É o caso dos fungos causadores de micoses (*micos* quer dizer "fungo"), que podem atingir nossa pele ou mesmo nossos órgãos internos.

Neste capítulo, ficamos sabendo que estamos rodeados por pequenos seres microscópicos. Muitos deles nos causam doenças, ao habitarem o interior de nosso organismo. Outros podem até viver em nosso corpo sem nos causar

CNRI/SCIENCE PHOTO LIBRARY

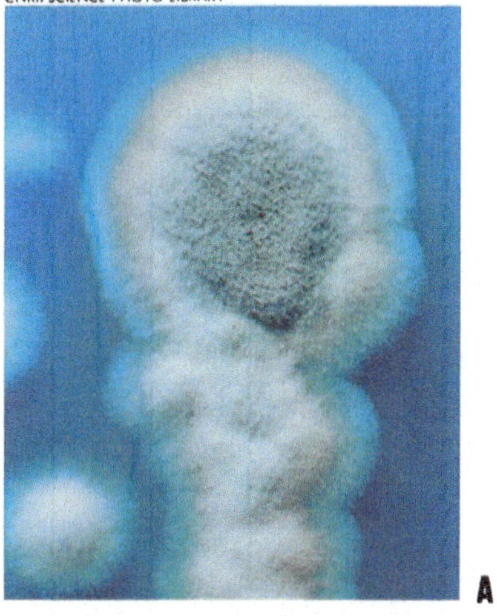

A

JEREMY BURGESS/SCIENCE PHOTO LIBRARY

B

A. Colônias do fungo *Penicillium chrysogenum*, do qual se obtém o antibiótico penicilina (microscópio óptico, ampliação de 50 vezes). Note o aspecto filamentoso do fungo. *B*. Extremidade de um filamento do fungo *Penicillium roquefortii*, que cresce nas veiazinhas verdes dos queijos tipo roquefort e gorgonzola. (Microscópio eletrônico de varredura, ampliação de 430 vezes.) As bolinhas terminais são os esporos.

JEREMY BURGESS/SCIENCE PHOTO LIBRARY

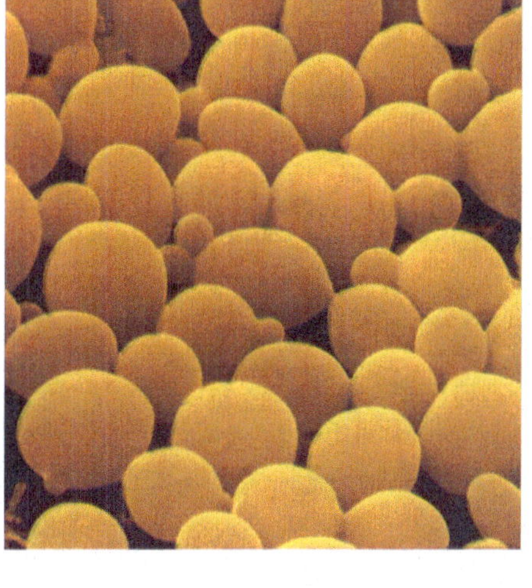

Células ovoides do levedo *Saccharomyces cerevisae* (microscópio eletrônico de varredura, ampliação de 1 350 vezes). Algumas estão formando brotos, que se destacam e originam novos indivíduos.

mal algum. E existem outros, ainda, que são indiretamente importantes para a nossa vida, como é o caso das algas que alimentam os peixes, dos quais nos alimentamos, e dos levedos, com os quais podemos fermentar o pão e outros alimentos.

Os micro-organismos têm sido alvo, desde sua descoberta, da curiosidade de muitos cientistas dedicados. Quanto mais soubermos sobre eles, menos males conseguirão nos causar. Pelo contrário, os cientistas vêm descobrindo que muitos micro-organismos são importantíssimos para nossa vida. Mas isso fica para daqui a pouco.

2 Descobrindo os pequenos seres vivos

Basta contemplar um raio de sol que entra num quarto escuro para nos darmos conta de que existe um mundo invisível aos nossos olhos; suspensas no ar, as minúsculas partículas de poeira são percebidas apenas quando iluminadas por um facho concentrado de luz.

Pois essas partículas de pó, que mal conseguimos ver, são ainda maiores que grande parte dos seres microscópicos; consequentemente, será impossível aos nossos olhos distinguir os diminutos organismos vivos que flutuam no ar junto com a poeira, ou os que vivem na água ou no solo.

Quanto medem os micro-organismos?

Se você medisse apenas 1 milímetro de altura, ainda seria umas 200 vezes maior que uma bactéria de tamanho médio. Ela lhe pareceria, então, do tamanho de um bicho-de-goiaba.

Já os protozoários são bem maiores do que as bactérias. O paramécio, por exemplo, é um protozoário coberto de pelinhos e que vive na água doce. Se tivéssemos 1 milímetro de altura, ele nos pareceria ter o tamanho de um porco-espinho, com o corpo coberto de pelos móveis e flexíveis.

Algumas algas microscópicas se assemelham a longuíssimos bambus transparentes, com fitas verdes no interior. Há algas filamentosas tão compridas que podem chegar a medir vários centímetros de comprimento. Apesar de tão longas, elas são praticamente invisíveis a olho nu porque são muito finas.

Conseguimos superar nossa limitação em visualizar objetos muito pequenos usando lentes de aumento. Se colocarmos a lente apropriada entre nossos olhos e um objeto, veremos a imagem desse objeto ampliada e com mais detalhes.

As lentes já eram conhecidas desde a Idade Média, mas foi somente no século XVII que cientistas curiosos começaram a empregá-las na fabricação de instrumentos para ver o que é pequeno; surgiram, assim, os microscópios.

Ampliando o mundo com os microscópios

Os primeiros microscópios eram aparelhos simples, se os compararmos com os microscópios modernos. Com o passar do tempo, eles foram ganhando aperfeiçoamentos técnicos, de tal forma que hoje em dia podemos obter imagens bem mais nítidas e ampliadas do que antigamente.

Por volta de 1940, o estudo do mundo microscópico foi ainda mais facilitado pela invenção de um instrumento revolucionário: o microscópio eletrônico. Nele não existem lentes de vidro, e seu funcionamento depende de uma complexa aparelhagem eletrônica. A imagem do objeto observado, muitíssimo ampliada, é projetada em uma tela semelhante à de um televisor em preto e branco.

EUROPEAN CELL BIOLOGY ORGANIZATION

A

SINCLAIR STAMMERS/SCIENCE PHOTO LIBRARY

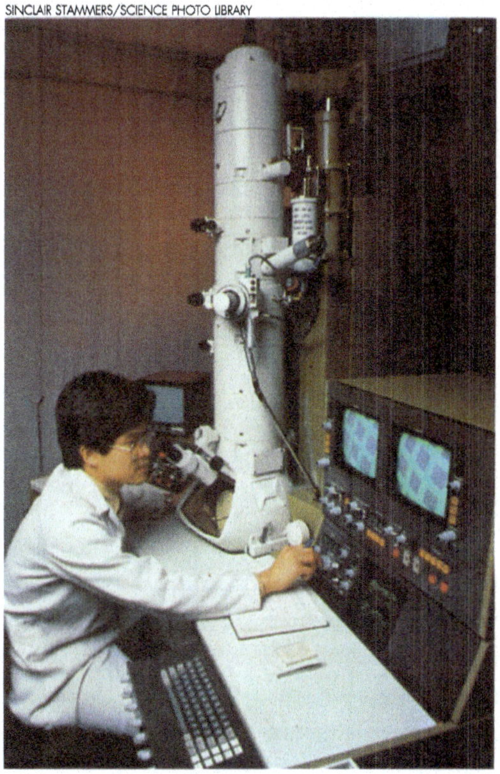

B

A. Réplica do primeiro microscópio eletrônico, construído originalmente pelo Dr. Ernst Ruska, em 1933. *B*. Moderno microscópio eletrônico de varredura, que fornece imagens com aspecto tridimensional.

EUROPEAN CELL BIOLOGY ORGANIZATION

A

GECO UK/SCIENCE PHOTO LIBRARY

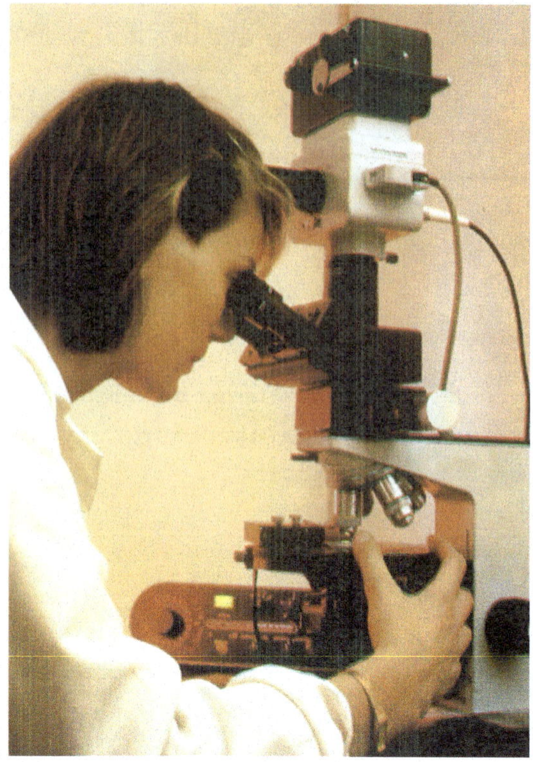

B

A. Microscópio óptico composto construído pelo Dr. Hertel, em 1712. B. Microscópio óptico equipado com máquina fotográfica.

Atualmente, os cientistas empregam em seus estudos tanto os microscópios de lentes de vidro quanto os eletrônicos. Ambos possuem vantagens e desvantagens, dependendo da situação em que são utilizados. Os microscópios ópticos, como são chamados os primeiros, são menores e mais fáceis de trabalhar. Já os microscópios eletrônicos são aparelhos enormes, que em geral ocupam salas inteiras nos laboratórios; para trabalhar com eles é preciso ter conhecimentos bastante especializados.

A grande vantagem do microscópio eletrônico é seu grande poder de aumento; para você ter ideia, esse aparelho pode obter facilmente aumentos da ordem de 100 mil vezes ou mais. Fazendo uma comparação, seria como ver a imagem de uma pequeníssima bactéria ampliada ao tamanho de 10 centímetros de comprimento (mais ou menos a largura desta linha impressa). Já nos microscópios ópticos, as ampliações chegam, no máximo, a 2 000 vezes; em nossa comparação, a imagem da mesma bactéria mediria apenas 2 milímetros de comprimento (aproximadamente a altura de uma letra maiúscula deste texto). Atualmente existem microscópios eletrônicos capazes de atingir aumentos da ordem de 1 milhão de vezes, que permitem observar até mesmo a estrutura das grandes moléculas que constituem as células vivas.

A capacidade de ampliação do microscópio eletrônico permitiria ver a mesma bactéria (mais ao fundo, na ilustração) muito maior do que no microscópio óptico.

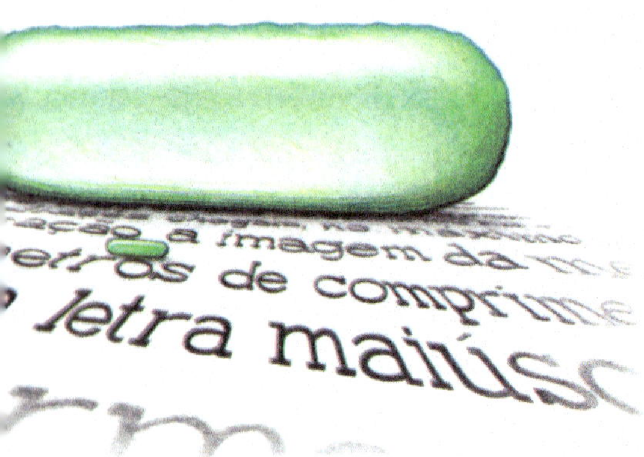

Em compensação, o microscópio óptico tem a vantagem de permitir a observação de seres com vida e em movimento. Isso já não é possível nos microscópios eletrônicos, pois, para podermos observar os pequenos seres nesse aparelho, é necessário antes submetê-los a vários tratamentos químicos, que acabam por matá-los. Assim, não é possível observar seres com vida no microscópio eletrônico, o que não deixa de ser uma desvantagem.

Um microscopista pioneiro

Um dos primeiros cientistas a usar o microscópio óptico foi o holandês Antonie van Leeuwenhoek (1632-1723). Durante sua longa vida, ele construiu centenas desses instrumentos, alguns dos quais estão atualmente em museus.

Os microscópios de Leeuwenhoek possuíam uma lente única, feita de vidro cuidadosamente polido a mão. A forma dessa pequena lente era quase esférica, e o olho de quem observava ficava praticamente encostado a ela.

Apesar de sua simplicidade, esses microscópios forneciam boa ampliação; dependendo da lente usada, podiam ampliar de 50 a 300 vezes as imagens.

Foi em um desses instrumentos que Leeuwenhoek observou, pela primeira vez, os seres microscópicos, naquela época chamados costumeiramente de micróbios.

Em certa ocasião, Leeuwenhoek espantou as pessoas que foram à sua casa, mostrando-lhes que o vinagre é povoado por incontáveis seres pequeninos, que lembravam as enguias na sua forma de nadar. Vale a pena lermos o que nos contou Leeuwenhoek sobre essa reunião:

> Recebi em minha casa diversos cavalheiros, que estavam ansiosos por ver as pequenas enguias do vinagre: mas alguns deles ficaram tão enojados do espetáculo que juraram nunca mais usar vinagre. Mas o que seria se se contasse a essa gente que existem mais animais na boca humana, vivendo na escuma (espuma) junto aos dentes, do que homens em todo um reino?

Nesse curioso relato, percebemos que Leeuwenhoek mostrou aos seus convidados as bactérias que transformam o vinho em vinagre. Além disso, ele comenta também a existência das bactérias que vivem em nossa boca. Graças à sua curiosidade e dedicação ao estudo, Leeuwenhoek foi um dos primeiros a descobrir que na água de rios e lagos vivem muitos tipos de seres microscópicos. Por suas descobertas pioneiras, ele é considerado, com toda a razão, o pai da Microbiologia, a parte da Biologia que estuda os seres microscópicos.

EUROPEAN CELL BIOLOGY ORGANIZATION

Retrato de Anton van Leeuwenhoek, microscopista pioneiro. Na mão esquerda ele segura um dos muitos microscópios que construiu.

3

Justifica-se a má fama das bactérias?

Experimente pedir para alguém fazer uma frase com a palavra *bactéria*; muito possivelmente, a pessoa a associará com doença, infecção ou antibiótico. Será que essa má fama das bactérias tem razão de ser? Será que todas elas causam doenças?

DOCUMENTATION FRANÇAISE, PARIS

O microbiologista pioneiro Louis Pasteur, aqui retratado em seu laboratório.

Bactérias que causam doenças

Em meados do século XIX, o famoso estudioso francês Louis Pasteur foi um dos primeiros cientistas a apontar as bactérias como causadoras de doenças. Durante seus estudos, ele havia descoberto que certos micróbios eram capazes de estragar a cerveja e o vinho.

Pasteur dizia que esses micróbios causavam "a doença da cerveja", que a fazia ficar turva e alterava seu sabor. Nessa época, ele já considerava também a possibilidade de que muitas doenças humanas fossem provocadas por micróbios.

Isso veio a se confirmar, principalmente porque os médicos estavam começando a fazer as primeiras operações cirúrgicas. A anestesia havia sido inventada e a dor era um obstáculo superado.

O maior problema, contudo, era a morte de muitos pacientes alguns dias depois da operação. Lendo os escritos de Pasteur, o médico inglês Joseph Lister raciocinou que as mortes podiam ser causadas pela invasão do corpo do paciente por micro-organismos, que penetravam através dos cortes operatórios.

Em 1864, Lister desenvolveu os primeiros métodos para impedir que os micro-organismos viessem a contaminar os cortes cirúrgicos. Ele fervia cuidadosamente os instrumentos e protegia os cortes com ataduras desinfetadas. Enquanto Lister operava, seus assistentes iam borrifando desinfetantes no ambiente, para impedir que ocorressem infecções pelo ar.

Os métodos de Lister deram resultado: o número de pacientes que contraíam infecções pós-operatórias diminuiu muito.

No ano de 1876, o jovem médico alemão Robert Koch conseguiu provar de uma vez por todas que algumas doenças eram causadas por bactérias. Ele retirou bactérias de um camundongo doente e criou-as em tubos de ensaio. Tempos depois, injetou-as em camundongos sadios, e estes logo ficaram tão doentes quanto o primeiro.

À medida que os estudos prosseguiam, descobriu-se que um grande número de doenças humanas, de animais e de plantas eram provocadas por bactérias. Dentre as doenças que elas causam ao homem, as mais conhecidas são o tétano, a difteria, a pneumonia, a tuberculose, a coqueluche e a sífilis, apenas para citar algumas.

Felizmente já podemos evitar a grande maioria das doenças provocadas pelas bactérias usando as vacinas e os antibióticos. As vacinas são utilizadas para prevenir as doenças, enquanto os antibióticos são usados depois de manifestarmos os sintomas da infecção; eles destroem as bactérias que estão se multiplicando dentro do nosso corpo.

Como você pôde perceber, muitas bactérias justificam a fama que têm de causarem doenças, chegando mesmo a matar seus hospedeiros.

Bactérias que auxiliam outros seres vivos

Certas bactérias facilitam a vida de outros seres. Você sabia, por exemplo, que certas plantas não conseguiriam sobreviver sem bactérias em suas raízes? Ou que uma vaca não conseguiria se nutrir se não fossem as bactérias que habitam seu vasto estômago?

Na metade do século XIX, os cientistas repararam que para a grande maioria das plantas crescer bem, precisava haver nitrogênio no solo. Somente certas plantas, chamadas *leguminosas* (soja, feijão, ervilha etc.), pareciam não depender da existência de nitrogênio no solo onde cresciam.

Os estudos mostraram que as plantas leguminosas possuem, em suas raízes, partes mais inchadas, que formam verdadeiros nódulos. Quando esses nódulos são cortados e olhados no microscópio, verifica-se que estão repletos de bactérias. Isso explica por que as leguminosas podem viver em solos pobres em nitrogênio: as bactérias presentes em suas raízes encarregam-se de retirar o nitrogênio diretamente do ar, e assim as plantas também podem aproveitá-lo.

JEREMY BURGESS/SCIENCE PHOTO LIBRARY

Retrato de Robert Koch (1843-1910). Ele identificou, em 1882, a bactéria causadora da tuberculose. Foi agraciado com o Prêmio Nobel para medicina e fisiologia, em 1905.

ADAM HART/SPL

JEREMY BURGESS/SPL

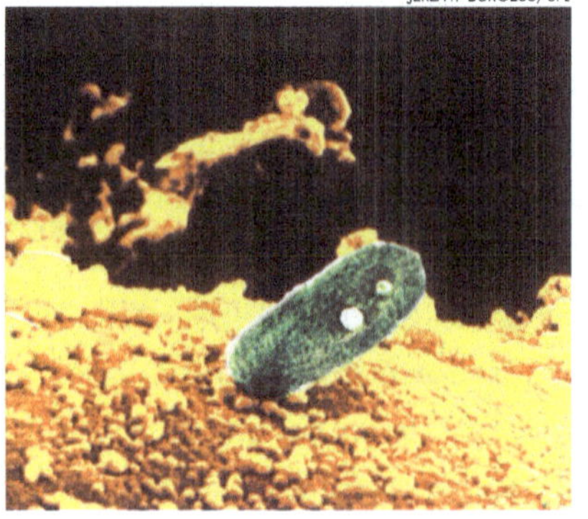

À esquerda, fotografia das raízes da planta leguminosa *Vicia faba* (um tipo de feijão), observadas a olho nu. Note os nódulos, regiões inchadas da raiz onde vivem as bactérias *Rhizobium*.

Na foto acima, pode-se ver uma dessas bactérias, colorida artificialmente em verde. Elas são capazes de captar nitrogênio diretamente da atmosfera, fornecendo esse importante elemento a outros organismos que vivem no solo (ampliação aproximada de 10 mil vezes).

Bactérias resistentes a antibióticos

A descoberta do primeiro antibiótico foi feita em 1929 por Alexander Fleming, de modo quase casual. Uma das plaquinhas onde ele cultivava bactérias havia sido contaminada pelo fungo *Penicillium*. Ao redor da colônia de fungos havia uma área em que as bactérias tinham sido destruídas. A conclusão foi que o fungo havia eliminado alguma substância que, ao se espalhar, matou as bactérias.

Fleming percebeu imediatamente as possibilidades daquela descoberta: extrair a substância do fungo e usá-la como remédio contra infecções. O cientista criou muitas colônias de *Penicillium*, esmagou-as e filtrou o caldo, o qual se mostrou fortemente *bactericida* (isto é, capaz de matar bactérias) e não tóxico para os animais. Fleming batizou o princípio ativo presente naquele filtrado de *penicilina*.

Dez anos depois, um grupo de cientistas conseguiu isolar e purificar a penicilina presente nos extratos de *Penicillium*. Os esforços nesse sentido foram incentivados pela Segunda Guerra Mundial. A utilização da penicilina em larga escala salvou a vida de milhares de soldados, que certamente morreriam devido à infecção dos ferimentos em batalha.

A pesquisa de novos antibióticos continua desde então. Centenas de antibióticos eficazes são atualmente fabricados e as mortes por infecções bacterianas diminuíram muitíssimo.

Cada antibiótico tem aquilo que se chama de espectro *antimicrobiano*, isto é, sua faixa de atuação contra os diversos tipos de bactérias.

O sucesso dos antibióticos no combate às bactérias só não foi completo porque frequentemente surgem linhagens bacterianas capazes de resistir a eles. Como isso ocorre?

Em uma população de bactérias podem ocorrer mudanças espontâneas nos genes de algumas delas. Essas mudanças são chamadas de *mutações*. A bactéria mutante, em alguns casos, é casualmente resistente a um determinado antibiótico. Se o antibiótico em questão for aplicado sobre a população de bactérias, apenas os mutantes sobrevivem.

Como a capacidade de resistir a antibiótico é genética, os descendentes dos mutantes serão também resistentes. Em certos casos, novas mutações podem ocorrer, levando ao aparecimento de linhagens ainda mais resistentes. Como vemos, é a própria aplicação do antibiótico que acaba selecionando as bactérias resistentes.

Infecções que não cedem com o uso de determinado antibiótico indicam que a pessoa contraiu uma infecção causada por linhagens de bactérias resistentes. Nestes casos, torna-se necessário pesquisar

Trata-se de uma associação proveitosa tanto para as plantas como para os micro-organismos. Por um lado, as bactérias têm garantida sua sobrevivência, obtendo abrigo e alimento nas raízes da planta; esta, por sua vez, obtém das bactérias o tão necessário nitrogênio.

A associação é benéfica inclusive para outras plantas que vivam ao redor. Quando as raízes de uma planta leguminosa vão apodrecendo, o nitrogênio que ela obteve das bactérias vai enriquecer o solo, podendo ser aproveitado pelas vizinhas.

Esse fato tem importância prática na agricultura. Muitos lavradores usam o método de plantar juntos o milho (ou outra cultura) com algum tipo de leguminosa (como o feijão, por exemplo). Graças à associação que tem com as bactérias, o feijão é capaz de enriquecer o solo com

PAULO MAZZONI/ABRIL IMAGENS

Plantação consorciada de milho e feijão. O milho aproveita o nitrogênio captado pelas bactérias que vivem nas raízes do feijão. A plantação de leguminosas (feijão, soja etc.) para melhorar o solo é chamada de "adubação verde".

quais seriam os antibióticos a que aquelas bactérias são mais sensíveis. Isto é feito por meio dos *antibiogramas*.

Para fazer o antibiograma, em primeiro lugar deve-se colher as bactérias da pessoa doente e cultivá-las em placas contendo meio de cultura. Em seguida, embebem-se disquinhos circulares de papel absorvente em diversos tipos de antibióticos. Cada disquinho é então colocado nas placas onde crescem as bactérias.

Quanto maior for a eficácia do antibiótico maior será a área de bactérias destruídas ao redor do disquinho. Esse método permite escolher um ou mais antibióticos a que as bactérias daquela linhagem são sensíveis.

AJ PHOTO/HOP AMERICAIN/SPL

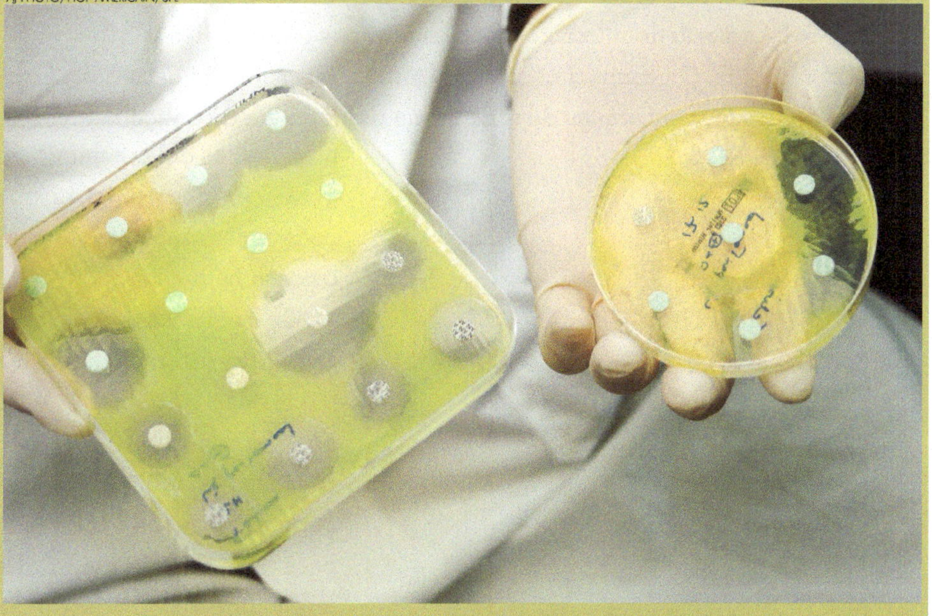

Placas com bactérias cultivadas para o antibiograma. Os círculos brancos contêm antibióticos de diversos tipos. Quanto mais eficiente é o antibiótico, maior a área de bactérias (película amarelada) destruída ao seu redor, como pode ser visto mais claramente na placa quadrada à esquerda.

nitrogênio. O milho, por sua vez, beneficia-se indiretamente das bactérias que vivem nas raízes das plantas leguminosas.

Vacas, carneiros e cabras são animais que também mantêm uma relação de troca de benefícios com os micro-organismos. Eles são classificados no grupo dos *ruminantes* porque possuem o estômago dividido em quatro compartimentos, sendo o maior deles chamado de *rume* ou pança. Aí vivem grandes quantidades de micro-organismos, dos quais os mais abundantes são as bactérias e, em segundo lugar, os protozoários.

O capim que a vaca mastiga vagarosamente vai para o rume, onde é imediatamente atacado pelos micro-organismos.

O ambiente dentro do rume é muito favorável à multiplicação desses pequenos seres; a temperatura é adequada e há água, sais e alimentos em abundância. Consequentemente, as populações de bactérias e protozoários crescem enormemente.

Poderíamos nos perguntar quais as vantagens que a vaca obtém em abrigar e nutrir esses pequenos hóspedes no seu rume.

Em primeiro lugar, os micro-organismos soltam substâncias nutritivas, que são aproveitadas para a alimentação do ruminante. Em segundo lugar, é como se o ruminante estivesse fazendo uma verdadeira "criação" de micro-organismos dentro de seu rume; de tempos em tempos, digere uma parte deles, obtendo assim substâncias alimentares muito necessárias. Se disséssemos que um dos alimentos da vaca é composto de micróbios, não estaríamos errados.

Os conhecimentos que temos hoje sobre as bactérias permitem encará-las de uma forma diferente da de antigamente. Embora muitas delas sejam perigosas, existem aquelas que podem ser aproveitadas para o nosso bem-estar.

Os cientistas já estão conseguindo fazer com que as bactérias trabalhem para nós, uma vez que elas são capazes de fabricar muitas substâncias de interesse para a humanidade. E há quem diga que chegará o dia em que cultivaremos esses pequenos seres vivos para usá-los diretamente em nossa alimentação.

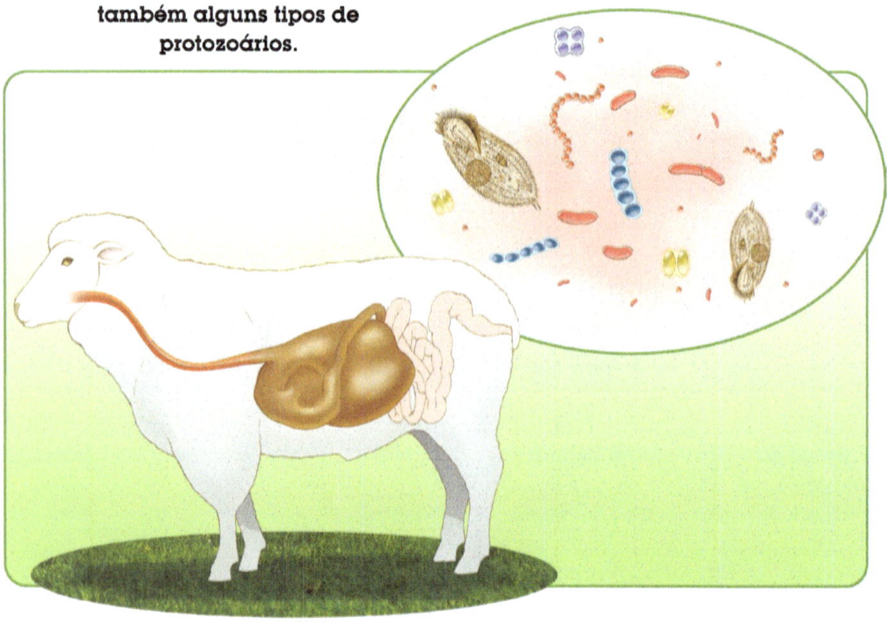

O amplo estômago dos animais ruminantes, destacado no desenho do carneiro, é habitado por variadas populações de bactérias e protozoários. Na parte superior da figura, desenho de alguns dos seres microscópicos que vivem no estômago do carneiro; a maior parte é de bactérias, mas há também alguns tipos de protozoários.

4

A importância dos fungos microscópicos

Lendas muito antigas contam a história do vinho. Segundo os antigos gregos, sua invenção é atribuída ao deus Dionísio (ou Baco), que teria ensinado aos homens a arte de sua fabricação.

No livro *Gênesis*, antigo texto hebreu que relata a história da criação do mundo, conta-se que Noé plantou uvas e com elas fabricou vinho. Isso é o suficiente para concluirmos que a origem do vinho é muito antiga, e que essa bebida era conhecida de todos os povos da Antiguidade.

Ao produzir o vinho, milhares de anos atrás, o homem começava a "domesticar" um tipo de micro-organismo: o levedo, também conhecido como levedura ou fermento.

O levedo é um tipo de fungo microscópico. Seus parentes mais conhecidos são os bolores e os cogumelos, e também os fungos que causam as micoses. Faz tempo que as leveduras vêm beneficiando a humanidade, e a fabricação do vinho e do pão são os melhores exemplos disso.

Leveduras, pão e vinho

O processo de fabricação do vinho começa com o esmagamento das uvas; antigamente, isso era feito por homens que pisoteavam as uvas, esmagando-as dentro de grandes tanques de madeira.

A massa de bagaço e caldo é então tratada com substâncias químicas que impedem o desenvolvimento de bactérias; isto é necessário, caso contrário elas usariam os açúcares do caldo como alimento, libertando substâncias que estragariam o vinho.

A parte mais importante do processo vem agora: a *fermentação alcoólica* desse caldo rico em açúcares. Isto é feito pela adição das leveduras, micro-organismos cujo nome científico é *Saccharomyces cerevisae* (pelo nome, você percebe que eles são também empregados na fabricação de cerveja).

Enquanto vão se utilizando dos açúcares do caldo de uvas, as leveduras libertam *álcool etílico* e gás carbônico.

H. VEILLER (MILIEU)/EXPLORER

A

CRISTINA VILLARES/ANGULAR

B

A. Ao fermentarem o caldo de uva para a fabricação de vinho, os levedos liberam álcool etílico, que vai se acumulando nos tonéis de fermentação; desprendem-se também muitas bolhas de gás carbônico. B. Para atingir o sabor ideal, o vinho deve ainda sofrer certo tempo de envelhecimento.

O caldo torna-se borbulhante de gás, e os levedos se multiplicam com grande rapidez. Quantidades cada vez maiores de álcool vão se acumulando no tanque de fermentação.

Em certo momento, quando a fermentação atinge o ponto ideal, o processo é interrompido e o suco é coado para dele se obter o vinho. Na realidade, para chegar ao ponto certo, o vinho deverá ainda sofrer vários tratamentos e ser envelhecido em tonéis de madeira.

Entre os muitos cuidados necessários para se fabricar um bom vinho, um é evitar que nele se desenvolvam outros micro-organismos, como as acetobactérias, as tais "enguias do vinagre" comentadas por Leeuwenhoek. Elas utilizariam o álcool do vinho como alimento, libertando ácido acético, o que o azedaria.

GILBERTO MARTHO

Tanto o pão como o vinho resultam do mesmo tipo de fermentação pelos levedos. Na produção de pão, no entanto, é o gás carbônico, e não o álcool, que tem importância; são as bolhas de gás carbônico que fazem a massa crescer e o pão ficar macio.

A invenção do pão, que supomos ter ocorrido no antigo Egito há mais de 6 mil anos, é outro exemplo do importante papel das leveduras na história da humanidade.

Em sua receita mais simples e tradicional, o pão é feito de água e farinha de trigo misturadas. A essa massa serão adicionados os fermentos.

Enquanto a massa descansa em um lugar úmido e quente, os micro-organismos começam a se reproduzir. As condições da massa são das mais favoráveis ao crescimento das leveduras. Isto porque a farinha de trigo é rica em amido, que será utilizado como alimento pelos micro-organismos.

Como na fermentação do vinho, as leveduras vão liberar álcool e gás carbônico na massa do pão. O gás fará a massa inchar, e é exatamente isso que se pretende: cheio de minúsculas bolhas, o pão ficará com uma textura macia após o cozimento. O álcool, por sua vez, simplesmente evaporará durante esse processo.

Na verdade, os fermentos biológicos fornecem ao pão algo mais que o gás carbônico que o faz crescer. As leveduras liberam outras substâncias químicas na massa, o que contribui para dar o sabor e as propriedades ao pão fabricado com fermentação natural.

Tanto isso é verdade que a invenção do chamado fermento químico em pó, um produto artificial, não substituiu os levedos na fabricação do pão. O fermento químico é uma mistura que também libera gás carbônico quando umedecido e aquecido. O fermento em pó é útil na fabricação de bolos, mas não produz bons efeitos com o pão.

Um exemplo bastante atual do emprego das leveduras em benefício da humanidade é a produção de álcool para ser usado como combustível nas indústrias e nos automóveis. No Brasil, há diversos projetos para economizar petróleo que se utilizam da fermentação da cana-de-açúcar para produzir álcool combustível. São as leveduras, portanto, as verdadeiras responsáveis pelo movimento de tantos automóveis movidos a álcool que trafegam pelas cidades e estradas brasileiras.

Reaproveitando cadáveres

Os fungos, tanto os microscópicos como os visíveis a olho nu, desempenham um importantíssimo papel na natureza: são eles que decompõem os cadáveres de animais e de plantas, de modo que suas substâncias componentes possam ser reaproveitadas.

Os fungos *decompositores*, como são chamados, recebem auxílio, em sua tarefa, de alguns tipos de bactérias. Já pensou se não houvesse organismos decompositores? Nosso planeta estaria coberto de cadáveres! Além do cenário ser um tanto macabro, o maior problema seria a falta de muitas das substâncias necessárias para a manutenção da vida, pois a decomposição dos cadáveres libera para o ambiente elementos e substâncias químicas que são reaproveitados pelos demais seres vivos.

SILVESTRE P. SILVA/ANGULAR

O apodrecimento de matéria orgânica animal e vegetal, junto ao solo, é obra conjunta de bactérias e fungos decompositores. Graças a esses micro-organismos, a matéria dos corpos mortos é liberada e pode ser reaproveitada pelos seres vivos.

5

Protozoários

Um pequeno ser gelatinoso vai deslizando sobre uma folha apodrecida, no fundo de um laguinho de água doce e limpa. Ele se desloca de um modo curioso: a parte que vai à frente se alonga, como se o ser esticasse um pé gelatinoso que se apoia na superfície; em seguida, a parte de trás é puxada na direção desse pé de apoio fino e transparente.

Se tivéssemos apenas 1 milímetro de altura, esse ser nos pareceria grande, tendo quase a metade de nossa altura (cerca de meio milímetro de comprimento quando está esticado). Estamos falando da *ameba* de água doce, um pequeno ser vivo que seria perceptível a olho nu se não fosse tão delicado e transparente.

A ameba pertence ao grupo dos *protozoários*, palavra que significa "animal primitivo" (*proto* significa "primiti-

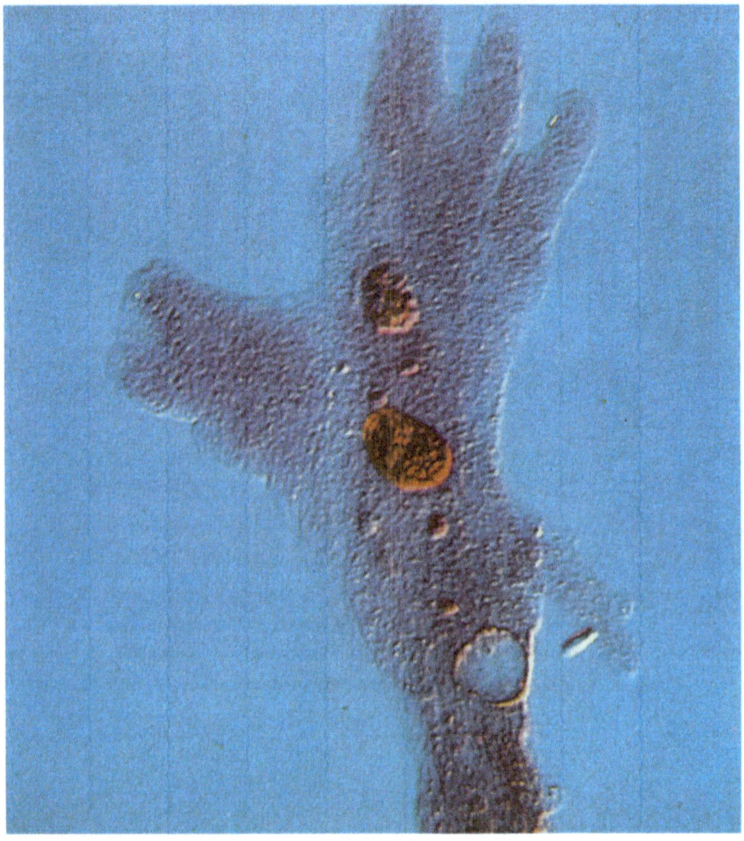

O protozoário de água doce, *Amoeba proteus*, é um ser gelatinoso que chega a atingir meio milímetro quando esticado.

vo", e *zoário* vem de zoo, que quer dizer "animal"). De fato, os protozoários, como as amebas, lembram pequeninos animais: além de se movimentarem ativamente, estão sempre comendo.

O principal alimento da ameba são outros protozoários, que podem estar vivos ou mortos; bactérias, algas e fungos microscópicos também podem ser usados como alimento. Uma ameba praticamente não rejeita comida nenhuma, desde que consiga apanhá-la.

Quando encontra algo que lhe serve de alimento, a ameba vai chegando perto, deslizando com o auxílio de seus falsos pés gelatinosos, os quais são chamados de *pseudópodos* (*pseudo*, "falso" e *podo*, "pé"). Os pseudópodos são então lançados sobre o alimento, como se o abraçassem. Cercado por todos os lados, esse alimento acaba indo parar dentro do corpo gelatinoso da ameba, onde será digerido e aproveitado.

Uma ameba não tem boca; ela pode ingerir alimentos por qualquer região de seu corpo. Os restos alimentares que não forem aproveitados serão jogados para fora, igualmente, por qualquer região.

Nos mesmos ambientes em que vivem as amebas podemos encontrar também muitos outros tipos de protozoários; alguns possuem longos rabinhos, chamados *flagelos*, que batem como minúsculos chicotes e servem para nadar; outros têm o corpo coberto de pelinhos curtos, que são chamados de *cílios*; batendo os cílios na água, esses protozoários nadam rapidamente com movimentos de corrupio.

O paramécio é um desses protozoários que têm cílios. Sua forma lembra uma sola de sapato, com uma ponta mais bicuda e a outra mais arredondada. Seu tamanho varia entre 0,15 e 0,30 milímetro de comprimento; comparado a micro-organismos como as bactérias, eles até que são bem grandes.

Ao contrário da ameba, que pode ingerir alimento por qualquer região do corpo, o paramécio tem uma abertura

Esquema que representa uma ameba durante o processo de ingestão do alimento. Note que ela envolve uma partícula alimentar com os pseudópodos e a devora. Esse processo demora cerca de 10 minutos (aumento de aproximadamente 80 vezes).

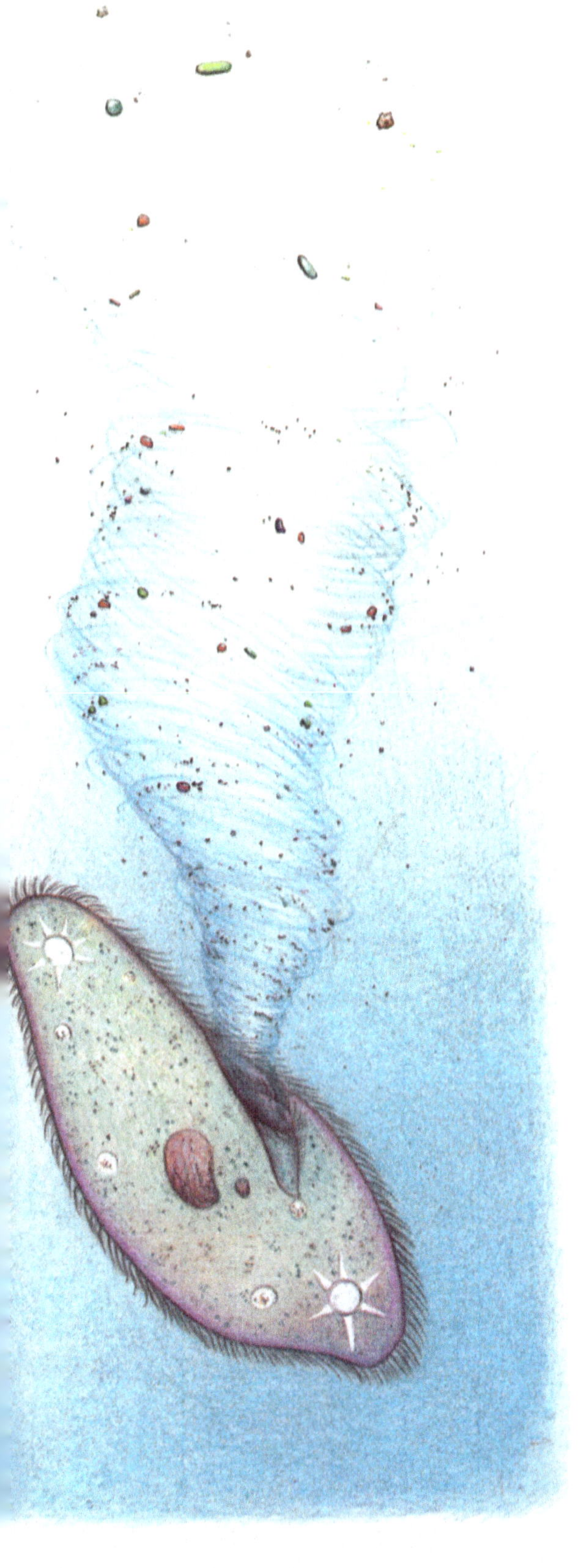

Desenho de paramécio, um protozoário de água doce totalmente recoberto de cílios, visíveis apenas nas bordas devido à transparência. Além de servirem para nadar, os cílios criam um turbilhonamento na água que atrai partículas de alimento para perto da "boca" do protozoário (aumento de aproximadamente 500 vezes).

comparável à boca; essa abertura é o único local por onde o alimento pode penetrar. Esse micro-organismo possui também uma região por onde os restos alimentares são jogados para fora, comparável ao ânus de um animal.

Os cílios que estão em volta da boca do paramécio vibram intensamente, criando um turbilhão na água ao redor. Se você já viu um tanque esvaziando, deve ter notado o remoinho que se forma na água que entra pelo ralo. Um remoinho semelhante, microscópico, é criado pelo rápido batimento dos cílios que existem no paramécio; como se fosse o ralo do nosso exemplo, o turbilhão arrasta para a boca desse protozoário bactérias, algas e fermentos, que constituem seu principal alimento.

Criando protozoários

Se quiser observar amebas e paramécios, você precisará fazer com eles uma criação ou *cultura*, como dizem os cientistas.

Pense que será muito difícil achar seres tão pequenos em uma gota de água colhida ao acaso de um local qualquer.

O certo é pegarmos várias amostras de água, com um pouquinho de lama e folhas apodrecidas do fundo de um lago; é importante que escolhamos lagos cujas águas não estejam poluídas. Em seguida, colocamos as amostras recolhidas em tigelinhas de vidro (ou plástico) e acrescentamos alface picada em algumas, grãos de arroz cru em outras e, na última, tanto alface como arroz.

Com tanta abundância de alimento, surgirão bactérias e fungos que servirão de alimento aos protozoários, os quais se reproduzirão intensamente. Teremos então maiores chances de achá-los nas gotas de água retiradas desses recipientes para serem observadas ao microscópio.

A reprodução das amebas consiste na divisão de uma ameba adulta em duas pequenas amebas-filhas. Cada uma delas irá depois crescer até reconstituir o tamanho da mãe. Trata-se de uma reprodução assexuada, uma vez que os filhos são gerados por um indivíduo só, sem sexo.

Os paramécios também se reproduzem assexuadamente a maior parte do tempo: um paramécio adulto parte-se em dois paramécios-filhos. Além disso, de vez em quando, ocorre união sexual entre dois paramécios, os quais se comportam como macho e fêmea ao mesmo tempo. Dessa união irão surgir quatro pequenos paramécios, que reunirão as características de ambos os pais.

Não se conhece nenhum protozoário que viva em nosso corpo e nos traga benefícios. Muitos, isso sim, causam-nos doenças, como veremos mais adiante.

Triconinfa e cupim ltda.

Existem animais que simplesmente não conseguiriam sobreviver se não tivessem protozoários hospedados em seu corpo. O exemplo disso é o cupim da madeira, aquele inseto tão temível porque se alimenta exclusivamente da madeira, seja de árvores vivas, seja de nossos móveis. Este inseto se utiliza, em sua nutrição, do componente básico da madeira, a *celulose* (que apesar de não ser doce é um tipo de açúcar).

O cupim, entretanto, não consegue digerir celulose. Quem executa realmente essa digestão são protozoários chamados *triconinfas*, que vivem em seu intestino.

O cupim rói a madeira, ingerindo os pequeníssimos fragmentos. Os protozoários instalados no intestino do inseto, por sua vez, comem os fragmentos de madeira e digerem sua celulose.

Os protozoários acabam eliminando, no intestino do cupim, parte das substâncias nutritivas da madeira, agora já digeridas, as quais o alimentarão.

Essa relação com as triconinfas é tão necessária que os cupinzinhos recém-nascidos morreriam de fome se não recebessem, dos cupins adultos, os protozoários. Isso se dá quando os cupinzinhos bebem uma gotinha eliminada pelo ânus do cupim adulto, adquirindo assim as triconinfas, com as quais conviverão até o fim de suas vidas.

LUIGI MAMPRIM/ ABRIL IMAGENS

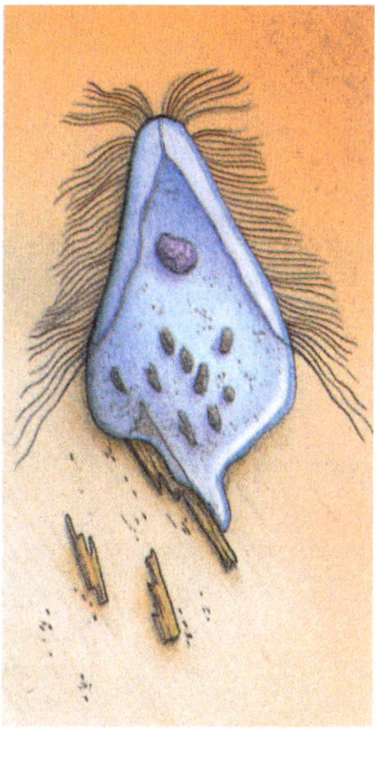

Um cupim (foto acima, visto a olho nu) alimenta-se de madeira, mas para digeri-la necessita de protozoários que habitam seu intestino, como a triconinfa, desenhada à direita em uma ampliação de aproximadamente 80 vezes.

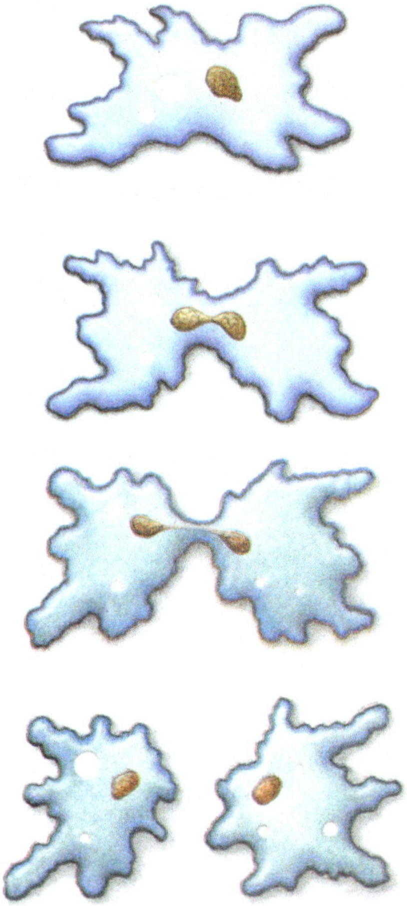

Esquema de ameba se reproduzindo por divisão binária. No laboratório, sob condições controladas, o processo de divisão leva aproximadamente 30 minutos (aumento de aproximadamente 80 vezes).

Esquema que representa a reprodução do paramécio por divisão binária transversal. O processo leva cerca de 2 horas, e um único paramécio pode originar até 16 descendentes em um só dia (aumento de aproximadamente 300 vezes).

Protozoários que causam doenças

Existem protozoários que, ao entrarem em nosso corpo, nos trazem prejuízos à saúde, isto é, são parasitas. Alguns causam doenças brandas, mas outros podem mesmo levar à morte.

Uma doença humana relativamente séria causada por protozoários é a *disenteria amebiana*, provocada por um tipo de ameba parasita chamada pelos cientistas de *Entamoeba hystolitica*.

Uma pessoa adquire essas entamebas bebendo água ou comendo alimentos contaminados. Uma vez no intestino, elas passam a atacar os pequenos vasos sanguíneos intestinais para comer os glóbulos vermelhos do sangue.

Os sintomas da doença são fortes dores de barriga e diarreias. Como as entamebas machucam o interior do intestino, há sangramentos, e as fezes do doente são escuras por causa do sangue coagulado. Nas fezes eliminadas também vão junto várias entamebas.

A doença se transmite justamente quando uma pessoa doente defeca perto de poços ou lagos cuja água será usada para beber ou regar alimentos. As entamebas presentes nas fezes podem contaminar, então, outras pessoas. Você percebe que, para a disenteria amebiana deixar de ser transmitida a pessoas sadias, bastaria construir privadas higiênicas, para evitar que as entamebas das fezes dos doentes pudessem contaminar a água e os alimentos.

Outra doença causada por protozoários é a temível doença de *Chagas*, comum no Brasil. Essa doença ataca o coração e ainda não tem cura. O protozoário que a provoca

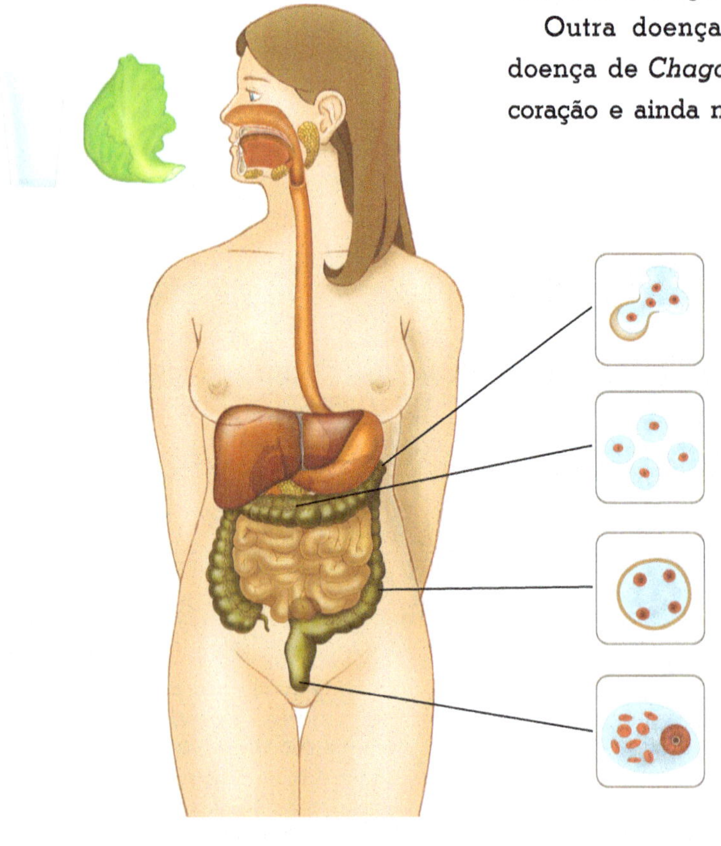

Uma pessoa adquire disenteria amebiana (amebíase) ao ingerir água e comida contaminadas com cistos de *Entamoeba hystolitica*. No interior do intestino, a película protetora do cisto se rompe, liberando quatro pequenas entamebas. Estas se reproduzem e crescem, atacando a parede intestinal para obter alimento, principalmente células do sangue. Algumas amebas formam cistos e são eliminadas com as fezes; os cistos podem contaminar água e alimentos, transmitindo a amebíase para outras pessoas.

chama-se *tripanossomo*. Os tripanossomos que causam a doença de Chagas têm o corpo alongado, um pequeno flagelo e uma membrana que lembra a nadadeira de um peixe.

A pessoa pode adquirir a doença ao ser picada por um inseto chamado *barbeiro*, no intestino do qual vivem os tripanossomos. O barbeiro, que recebe esse nome porque tem preferência por picar o rosto das pessoas, sempre defeca depois de se alimentar do sangue da vítima.

Se o barbeiro estiver contaminado, o montinho de suas fezes, perto do local da picada, conterá tripanossomos. Como a picada do barbeiro dói e coça muito, quase sempre a pessoa, ainda dormindo, acaba por coçá-la com a unha, ferindo a pele e espalhando as fezes do inseto no ferimento. É por aí que os tripanossomos penetrarão no corpo, misturando-se ao sangue.

Pelo sangue, eles chegarão ao coração, penetrando em sua musculatura. Os tripanossomos vão aí se reproduzindo, formando verdadeiros ninhos. Aos poucos, a musculatura do coração vai sendo destruída, e o órgão vai perdendo a capacidade de bombear o sangue. Pessoas que adquirem a doença de Chagas geralmente desenvolvem, depois de alguns anos, problemas do coração que podem levar à morte.

Como evitar tão grave doença? A solução deve ser preventiva, isto é, evitar a picada do barbeiro.

Esses insetos acham moradia ideal nas casas cujas paredes têm rachaduras, como é o caso das feitas de barro ou de pau a pique, bastante presentes no interior e na periferia das grandes cidades.

Assim, é necessário proteger as camas com cortinados de filó, para evitar a picada dos barbeiros. Só isso, porém, não basta, pois sempre pode haver alguma fresta no cortinado por onde o inseto possa penetrar.

A prevenção deve ser complementada com o uso de inseticidas, e tapando muito bem todas as frestas das paredes, para que os barbeiros não tenham onde se esconder.

Se tomarmos essas medidas de proteção, estaremos também impedindo a propagação da doença, que é transmitida quando o barbeiro não contaminado pica uma pessoa doente e adquire os tripanossomos. Não é apenas picando pessoas doentes, porém, que o barbeiro adquire os protozoários. Existem muitos animais silvestres, como os tatus, por exemplo, que estão frequentemente contaminados por tripanossomos. Como o barbeiro também chupa o sangue desses animais, isso aumenta a chance de que eles se contaminem e transmitam a doença para o homem.

FÁBIO COLOMBINI

A doença de Chagas é transmitida pelas fezes do inseto barbeiro (ou chupança – ver fotografia acima) infestado pelo protozoário *Tripanosoma cruzi* (ver fotografia microscópica, aumentada cerca de 700 vezes). A pessoa se contamina ao coçar a picada, de onde os protozoários passam para o sangue; nele, vivem entre as células sanguíneas, das quais as mais abundantes são as células vermelhas ou hemácias. Depois de algum tempo, os tripanossomos invadem o músculo do coração, onde formam verdadeiros "ninhos", causando destruição do tecido cardíaco.

SINCLAIR STAMMERS/SPL

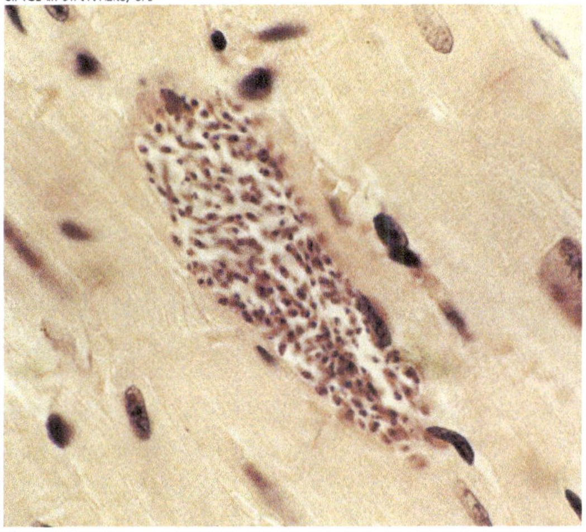

6

A importância das algas microscópicas

Nas águas dos mares e oceanos vivem incontáveis seres vivos: algas, micro-organismos diversos, águas-vivas, moluscos, crustáceos e peixes, sem falar de tantos outros. Nos oceanos vive também o maior mamífero do mundo, a baleia-azul, que mede mais de 30 metros de comprimento e pesa várias toneladas.

Todos os dias, o homem retira do mar milhares de toneladas de peixes, crustáceos e moluscos para usá-los como alimento. Podemos nos perguntar: o que comem esses seres marinhos dos quais nos alimentamos?

A importância da fotossíntese

Embora não se saiba exatamente como eram os primeiros seres vivos que habitaram a Terra, há nada menos de 3,5 bilhões de anos, imagina-se que eles eram microscópicos e bem mais simples que as bactérias atuais.

De que eles se alimentavam? Essa questão divide a opinião dos cientistas. Alguns acham que os primeiros seres vivos obtinham alimento do meio externo, onde haveria substâncias ricas em energia, enquanto outros acham que aqueles seres pioneiros eram capazes de fabricar seu próprio alimento a partir de substâncias inorgânicas simples e de energia obtidas do ambiente. As mais recentes descobertas reforçam essa última hipótese; foram achadas bactérias dentro de rochas no fundo do mar, junto a fendas de vulcões submarinos, que são capazes de fabricar seu próprio alimento usando a energia de reações químicas entre os componentes da própria rocha. Bactérias como essas devem ter sido os primeiros seres a habitar nosso planeta.

O processo de evolução dos primeiros seres vivos levou ao aparecimento, há quase 3 bilhões de anos, das primeiras bactérias fotossintetizantes. Usando duas substâncias inorgânicas muito abundantes na natureza – **água** e **gás carbônico** – e **luz** solar como fonte de energia, essas bactérias fabricavam suas próprias substâncias orgânicas nutritivas. Esse processo, que nos dias de hoje ainda é realizado por certas bactérias, pelas algas e pelas plantas, é chamado **fotossíntese** (do grego *photo*, luz). Além de substâncias nutritivas, durante a fotossíntese é produzido gás oxigênio (O_2), o qual é liberado para o ambiente.

A capacidade de utilizar substâncias simples e energia da luz solar garantiu o enorme sucesso das bactérias fotossintetizantes primitivas; elas invadiram os mares e todos os ambientes úmidos do planeta. Sua proliferação foi tão grande que o gás oxigênio por elas produzido mudou significativamente a composição da atmosfera terrestre. A partir de 2,5 bilhões de anos atrás, a concentração de gás oxigênio, praticamente inexistente até então, aumentou progressivamente até atingir a porcentagem atual, em torno de 21%.

Os grandes peixes carnívoros, como os tubarões, por exemplo, comem peixes menores. Estes, por sua vez, alimentam-se de outros peixes menores ainda.

Os peixes bem pequenos alimentam-se de seres minúsculos que flutuam nas águas dos mares. Esses seres são algas microscópicas, protozoários, minúsculos camarõezinhos e pulgões-d'água, além de larvas de ostras, de crustáceos e de peixes; em seu conjunto, eles constituem o plâncton.

A base alimentar dos mares

Por incrível que possa parecer, a vida de praticamente todos os animais que vivem no mar depende das pequenas algas microscópicas que flutuam na superfície, ao sabor das correntezas. Elas representam para os animais marinhos o mesmo que as plantas representam para os animais terrestres: a fonte básica de alimentação.

No caso dos animais terrestres, os carnívoros comem os herbívoros e estes, por sua vez, alimentam-se de plantas. Já no caso dos animais marinhos, os carnívoros alimentam-se de animais que comem algas microscópicas.

D. P. WILSON

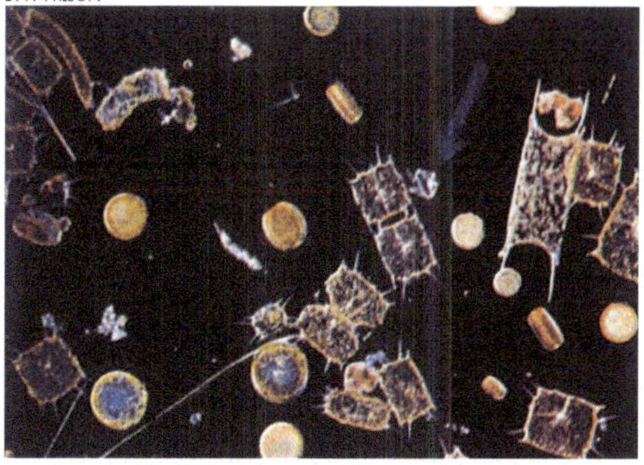

A

D. P. WILSON

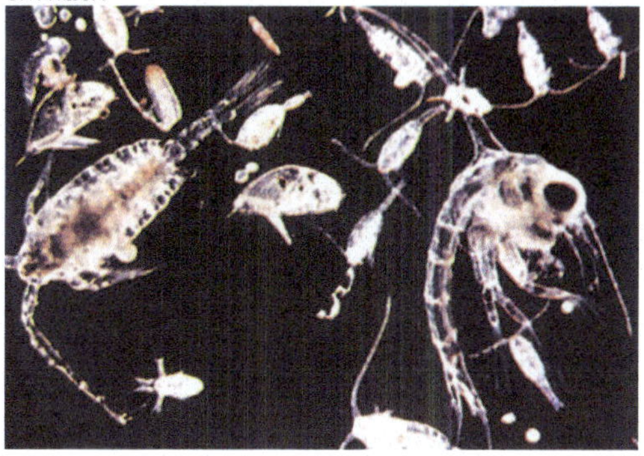

B

A vida nos mares depende dos seres microscópicos que compõem o plâncton. *A.* O fitoplâncton é constituído por algas microscópicas, de várias formas e tamanhos, que realizam fotossíntese (aumento aproximado de 1 000 vezes); *B.* O zooplâncton é constituído por diversos tipos de pequenos seres (como protozoários, moluscos, crustáceos e outros), que se alimentam de organismos do fitoplâncton; na foto, diversos tipos de microcrustáceos (aumento aproximado de 100 vezes).

O gás oxigênio liberado na atmosfera teve grande impacto ambiental. Muitos metais foram oxidados e se depositaram no fundo de mares e rios originando grandes depósitos de minérios, como a hematita e a pirita hoje explorados pela humanidade. Reagindo com compostos orgânicos, o gás oxigênio devia provocar sua degradação. Alguns cientistas acreditam que nos dias de hoje seria impossível surgir vida como no passado, devido ao gás oxigênio atmosférico: ele provocaria a oxidação dos compostos químicos essenciais ao processo, destruindo-os.

Segundo a bióloga norte-americana Lynn Margulis, o precioso gás oxigênio dos dias atuais, imprescindível para a respiração de quase todos os seres vivos, foi um terrível poluente atmosférico para a maioria dos seres que habitavam o planeta há cerca de dois bilhões de anos. Esses seres ainda não haviam desenvolvido processos de proteção contra os efeitos nocivos do gás oxigênio e extinguiram-se. Atualmente, as células de quase todos os seres vivos possuem eficientes mecanismos químicos de proteção contra os efeitos oxidantes do gás oxigênio. A mortandade em massa causada pela presença do novo gás na atmosfera foi chamada por Margulis de "holocausto do oxigênio". O termo holocausto vem do grego *holókauston*, que era uma antiga forma de sacrifício em que a vítima era inteiramente queimada.

Por outro lado, a "invenção" da fotossíntese pelas bactérias e a produção do gás oxigênio atmosférico abriram novos caminhos para a vida. Logo apareceram seres capazes de usar o poder oxidante do gás oxigênio em seu benefício: estava surgindo a respiração, processo fundamental à vida, atualmente utilizado por quase todos os organismos. Os seres fotossintetizantes, além disso, constituíam fonte de alimento abundante para seres vivos incapazes de realizar a fotossíntese.

Nos dias de hoje, a fotossíntese realizada por algas, plantas e certas bactérias sustenta, direta ou indiretamente, a quase totalidade das formas de vida do planeta. Além, é claro, de manter constante o teor de gás oxigênio atmosférico, do qual a maioria das espécies, inclusive a nossa, depende para viver.

Podemos nos perguntar: o que aconteceria se as algas e as plantas deixassem de existir? A resposta é simples: os animais herbívoros não poderiam viver e, consequentemente, os carnívoros também não.

Transferindo energia solar

As plantas e as algas fazem *fotossíntese*, processo que lhes permite usar a energia luminosa do Sol para viver. Assim, esses organismos não precisam de outros seres que lhes sirvam de alimento. Por outro lado, todos os outros seres vivos dependem, direta ou indiretamente, dos seres que fazem fotossíntese. Animais que comem plantas são chamados de herbívoros, e os que comem os herbívoros são chamados de carnívoros. Observe, portanto, a sequência de alimentação dos seres vivos:

seres que fazem fotossíntese ▶ herbívoros ▶ carnívoros

Essa sequência de alimentação é chamada de *cadeia alimentar*. Na cadeia alimentar marinha, são as algas microscópicas que ocupam a primeira posição, ou seja, delas depende, direta ou indiretamente, a vida de todos os seres do mar.

Ainda que pareça incrível, as algas microscópicas são responsáveis por 90% de toda a fotossíntese que ocorre em nosso planeta. Isso nos dá uma boa medida da importância desses pequeninos seres vivos. Ao servirem de alimento para os outros seres, as algas acabam por transferir para eles a energia que captaram da luz solar.

Toda cadeia alimentar marinha tem início com as algas microscópicas do fitoplâncton (no círculo), que usam a energia da luz solar para fabricar as substâncias de que necessitam. O fitoplâncton serve de alimento a seres muito pequenos do zooplâncton (não representados). Estes, por sua vez, são comidos por outros animais marinhos, e também por animais de terra firme.

Não só os animais marinhos dependem das algas. Vários animais terrestres que se alimentam de peixes também devem a elas sua sobrevivência. É o caso das aves marinhas, como as gaivotas, e dos mamíferos, como os ursos e as focas. As populações humanas também se utilizam, em larga escala, dos peixes como fonte alimentar. Já lhe ocorreu pensar que, ao saborearmos um pescado, a energia que dele obtemos provém indiretamente do Sol, tendo sido inicialmente captada por algas microscópicas?

As cores e as formas das algas

As algas microscópicas vivem tanto no mar como nos rios e lagos de água doce. Seus tamanhos, suas formas e suas cores são muito variados. Existem algas arredondadas, alongadas, ovais ou em forma de fios finíssimos. Algumas lembram pequenas plantinhas coloridas. Com relação à cor, algumas são verdes, outras, marrons e outras ainda apresentam coloração vermelha ou dourada.

Todas as algas microscópicas possuem pelo menos uma substância colorida em seu interior: a *clorofila*. Essa substância tem cor verde e é a mesma que as plantas terrestres possuem. É precisamente graças à clorofila que algas e plantas conseguem fazer fotossíntese.

Em certos tipos de algas pode haver, além da clorofila, outras substâncias coloridas, que podem ser vermelhas, marrons, amarelas e azuis. Esses *pigmentos*, como são chamadas tais substâncias, encobrem a cor verde da clorofila e conferem belas colorações às pequenas algas microscópicas.

A variada coloração das algas chamou a atenção dos cientistas, que as classificaram em grupos, de acordo com sua cor. Existe o grupo das *clorofíceas*, ou algas verdes (*cloro* significa "verde" e *fíceas* vem de *ficos*, que quer dizer "alga"), o grupo das *rodofíceas* (algas vermelhas), o das *feofíceas* (algas marrons) e o das *crisofíceas* (algas douradas). Cada um desses grupos tem, além da clorofila, seus pigmentos típicos.

A curiosa reprodução das algas douradas

Algas conhecidas como diatomáceas possuem uma espécie de carapaça dourada envolvendo-as e uma curiosa maneira de se reproduzir.

As diatomáceas vivem nas águas superficiais de todos os oceanos da Terra. Elas são, certamente, as algas mais abun-

WALTER DAWN

A

ERIC GRAVÉ

B

ERIC GRAVÉ

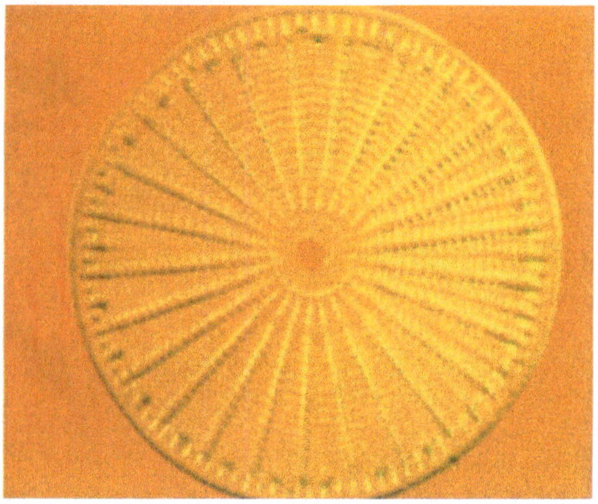

C

No grupo das algas existem representantes macroscópicos e microscópicos. Em *A*, foto da alga verde macroscópica *Ulva*, a popular alface-do-mar; em *B* e *C*, fotos colorizadas de duas algas douradas (diatomáceas) microscópicas (ampliação aproximada de 1 000 vezes).

As diatomáceas, ou algas douradas, são os seres mais abundantes do fitoplâncton. Muitas espécies possuem uma carapaça feita de silício, formada por duas metades que se encaixam, lembrando uma caixinha redonda com tampa (ampliação aproximada de 900 vezes).

dantes dos mares. Em algumas regiões, as diatomáceas podem se desenvolver de tal maneira que a superfície do mar fica verdadeiramente coalhada delas, apresentando belos reflexos multicores.

A maior parte das diatomáceas tem um formato que lembra uma caixinha redonda ou oval, com duas metades encaixadas. Se você já viu umas placas de vidro usadas em laboratórios, as placas de Petri, imagine-as microscópicas e terá uma boa imagem de uma diatomácea. As duas metades encaixadas correspondem à carapaça desses micro-organismos.

Quando uma diatomácea se reproduz, as duas metades se separam. Uma delas, a que está encaixada internamente, é menor do que a outra. Cada uma das metades formará uma nova. As novas metades formadas, no entanto, são sempre menores, ou seja, quando uma diatomácea se reproduz em duas, uma terá o tamanho original e a outra será um pouco menor.

O que acontecerá quando essa diatomácea menor se reproduzir? Exatamente a mesma coisa: ela se transformará em duas, uma do tamanho antigo e outra menor ainda.

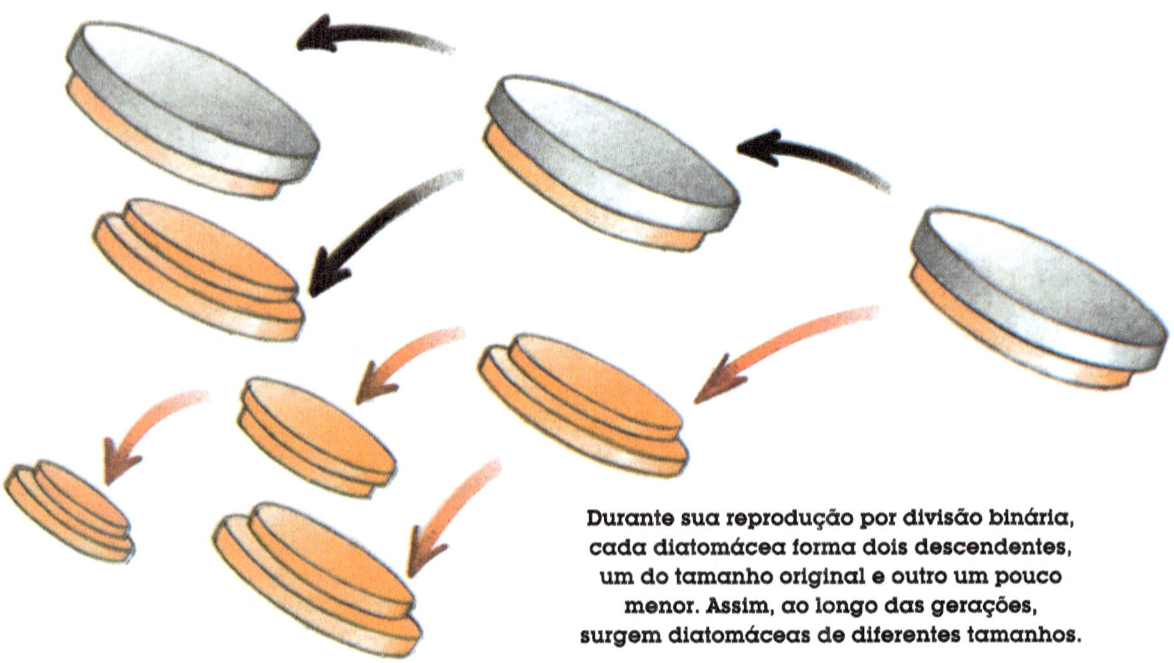

Durante sua reprodução por divisão binária, cada diatomácea forma dois descendentes, um do tamanho original e outro um pouco menor. Assim, ao longo das gerações, surgem diatomáceas de diferentes tamanhos.

Por causa dessa curiosa forma de reprodução, encontramos diatomáceas dos mais diferentes tamanhos. Quando, depois de algumas gerações, as diatomáceas ficam muito pequenas, elas deixam de se reproduzir dessa maneira. Seu conteúdo gelatinoso escapa de dentro da carapaça e elas se juntam sexualmente duas a duas. De cada casal vão ter origem diatomáceas, as quais crescem e formam novas placas da carapaça: desse modo, o tamanho aumenta novamente, e têm continuidade a vida e a reprodução dessas interessantes algas douradas.

7

Os menores seres vivos do mundo: vírus

No ano de 1892, o cientista russo Ivanowsky estava estudando uma doença que atacava as plantas de fumo, amarelando suas folhas. Os exames ao microscópio não haviam revelado a presença de nenhum micro-organismo conhecido que estivesse provocando a doença.

Certa vez, Ivanowsky teve a ideia de esmagar folhas doentes, extraindo delas um caldo. Em seguida, ele passou o caldo por um filtro cujos buraquinhos eram tão pequenos que nem mesmo as pequenas bactérias podiam atravessá-los. Para sua surpresa, o caldo das folhas doentes, mesmo depois de filtrado várias vezes, propagava a doença quando era jogado sobre plantas sadias.

Os vírus estão entre os menores seres vivos do planeta. Alguns, como estes, que atacam bactérias, medem cerca de 2 décimos de micrômetro de comprimento (quer dizer, 2 décimos de milésimo de milímetro).

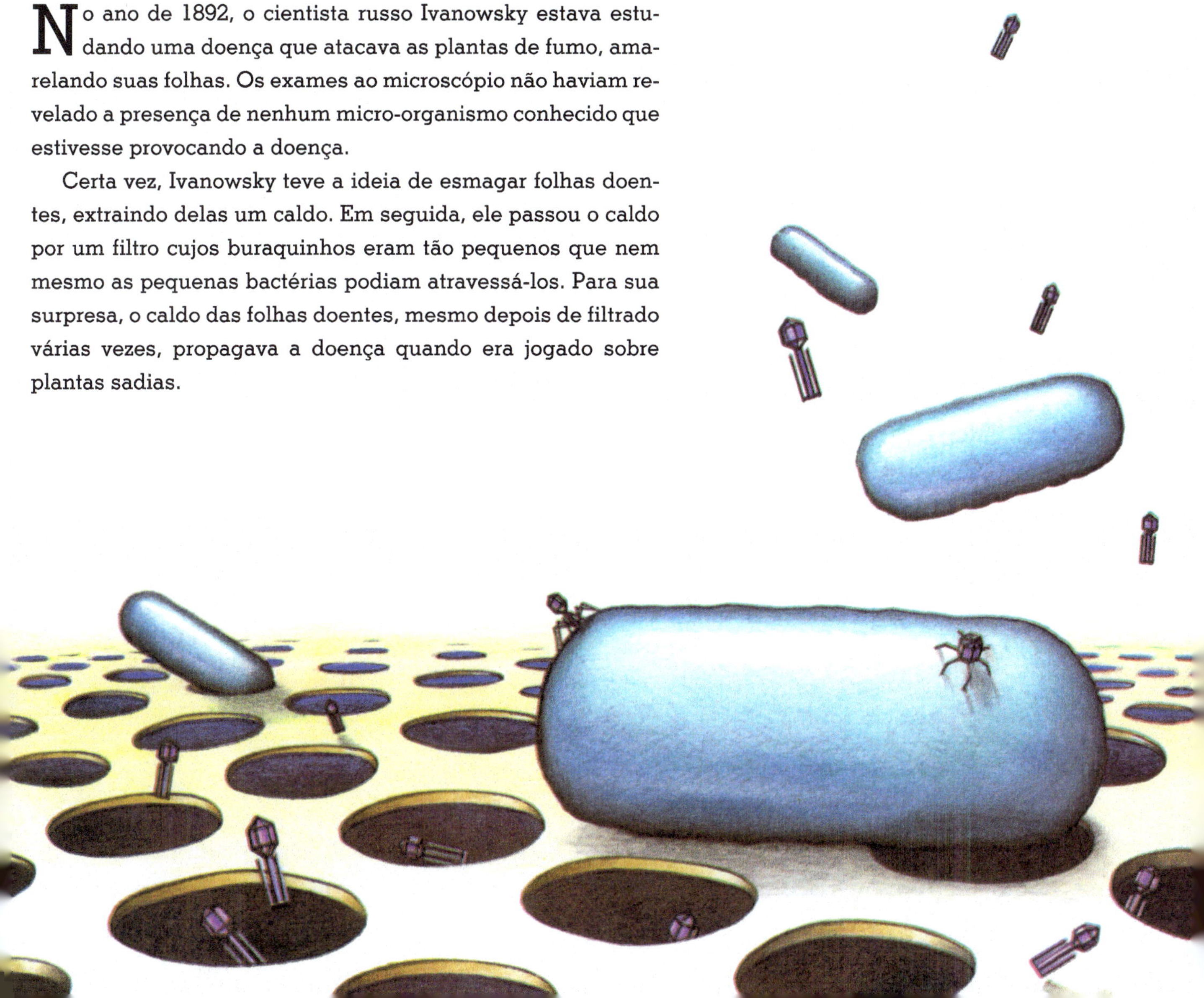

Seria possível que a doença das plantas de fumo fosse causada por micro-organismos tão pequenos que passavam até mesmo pelos pequeníssimos poros de um filtro? Se isso fosse verdade, esses micro-organismos deviam ser muito menores que as pequenas bactérias.

Foi somente muitos anos mais tarde que as suspeitas se confirmaram: a doença do fumo e muitas outras eram causadas por seres tão minúsculos que só são visíveis no microscópio eletrônico; são os *vírus* (a palavra *vírus* vem do latim e significa "veneno"). Alguns vírus são tão pequenos que, perto deles, uma bactéria é um ser relativamente grande.

No início, a simplicidade dos vírus espantou os cientistas. Eles são muito mais simples do que as bactérias. Os vírus parecem ser pacotinhos de substâncias químicas bem orga-

A aids

Estranhos casos clínicos chamaram a atenção da comunidade médica dos Estados Unidos, entre 1980 e 1981. Cerca de 31 adultos jovens do sexo masculino foram internados apresentando quadros indicativos de que estavam perdendo a resistência a doenças causadas por micro-organismos comuns, que normalmente não causam mal a pessoas sadias.

Os estudos mostraram que se tratava de uma nova doença, que ataca o sistema de defesa do corpo – *o sistema imunitário* –, enfraquecendo-o. Nessa situação, a pessoa torna-se alvo fácil de infecções por micro-organismos que, em condições normais, não causariam maiores problemas.

Como se tratava de uma síndrome (conjunto de sintomas) de imunodeficiência (deficiência do sistema imunitário) adquirida (isto é, não hereditária), a doença recebeu a denominação de *aids* (do inglês *Acquired Immunodeficiency Syndrome*). As pesquisas mostraram que a aids é causada por um pequeno vírus – o *HIV* (do inglês *Human Immunodeficiency Virus*) –, que mede cerca de 1/10000 de milímetro de diâmetro.

O sistema imunitário consiste em um batalhão de células sanguíneas genericamente denominadas *leucócitos* ou *glóbulos brancos*. Em uma pessoa sadia, cada milímetro cúbico de sangue apresenta entre 5 000 e 10 0000 leucócitos. Nas pessoas que contraem infecções, esse número pode dobrar ou triplicar.

O batalhão de glóbulos brancos é bem organizado, contando com diversos tipos de soldados. Há aqueles que ficam na linha de frente – *os macrófagos* – e cuja função é identificar o agente infeccioso. Em seguida, os macrófagos passam essas informações para outros soldados, os *linfócitos T4*. São estes que, por meio de substâncias químicas liberadas, ativam os soldados que atuarão diretamente no combate ao invasor: os *linfócitos B* e os *linfócitos T8*.

Os linfócitos B, uma vez ativados, transformam-se em células produtoras de *anticorpos*, substâncias químicas que irão atacar e destruir agentes invasores.

Os linfócitos T8, por sua vez, atacam e destroem células doentes ou que estejam infectadas por vírus.

O vírus da aids age como um estrategista militar: ataca exatamente os linfócitos T4, de tal maneira que os linfócitos B e T8 não são ativados. Como consequência, o organismo torna-se suscetível às doenças infecciosas antes facilmente debeláveis.

Na fase inicial da aids, a pessoa infectada não apresenta sintomas, mas a presença do HIV já pode ser detectada por exames de sangue, no qual aparecem anti-

nizadas. Alguns nem mesmo parecem seres vivos: lembram pequenos cristais minerais.

Os estudos revelaram que muitas doenças humanas, de animais e de plantas eram causadas por vírus. Até mesmo bactérias são atacadas e mortas por estes pequenos seres vivos, os menores do mundo.

Algumas das doenças humanas causadas por vírus são o sarampo, a caxumba, a varíola e a gripe; isso sem falar da temível aids, que tanto vem preocupando a humanidade nestes últimos anos.

NIBSC/SPL

Vírus da aids (HIV), corados em verde, sobre a membrana de um glóbulo branco T4 infectado. Foto no microscópio eletrônico de varredura, com ampliação de 7 500 vezes.

Vírus, parasitas obrigatórios

Os vírus só conseguem se reproduzir dentro de outros seres vivos. Quando não os encontram, simplesmente ficam em estado de vida suspensa, sem comer, respirar ou se movimentar.

corpos contra o vírus. Pessoas com anticorpos contra o HIV são chamadas **soropositivas**, e não necessariamente desenvolverão a doença. Entretanto, elas já podem disseminar o vírus pelo ato sexual, por exemplo, se não for usada a camisinha.

A evolução da doença leva à queda no número de linfócitos CD4, e começam a se manisfestar os primeiros sintomas da aids: inchaço dos nódulos linfáticos, fraqueza, febre, emagrecimento, suores noturnos e diarreias infecciosas. No estágio avançado, aparecem problemas neurológicos e a pessoa é seriamente afetada pelas chamadas "infecções oportunistas", que levam a pneumonias (frequentemente causadas pelo fungo *Pneumocistis carinii*) e ao câncer de pele (sarcoma de Kaposi, causado pelo vírus KS).

A aids é transmitida pelo contato sexual com pessoas infectadas e também pelo sangue, principalmente pelo compartilhamento de seringas ao usar drogas injetáveis ou por transfusões de sangue contaminado. Recém-nascidos filhos de mães portadoras do HIV podem adquirir o vírus durante o parto ou ao mamar.

Embora ainda não haja cura para a aids, os tratamentos quimioterápicos evoluíram muito. O uso combinado de diversas drogas antivirais, os chamados "coquetéis antivirais", tem conseguido prolongar a vida de muitos doentes.

CAIO GUATELLI/FOLHA IMAGEM

Passeata no centro da cidade de São Paulo (junho de 2003), organizada por ONGs de prevenção e tratamento da aids, alertando a população para os riscos da doença e necessidade de prevenção.

Por causa disso, muitas vezes os cientistas discutiram se os vírus eram realmente seres vivos.

Quando encontram o hospedeiro certo, porém, os vírus mostram que estão bem vivos: penetram no corpo do hospedeiro e nele se reproduzem com grande rapidez, procriando centenas e centenas de novos vírus.

Um dos vírus mais estudados pelos cientistas é o chamado *bacteriófago* (fago quer dizer "comer"); ele ataca bactérias, reproduzindo-se no interior delas. Quase sempre a bactéria infectada pelo vírus acaba arrebentando, libertando dezenas de novos vírus bacteriófagos, prontos para um novo ataque.

Os vírus bacteriófagos lembram uma pequena nave espacial, com uma cabeça facetada e uma cauda cheia de finíssimas fibras. Quando encosta em uma bactéria, o bacteriófago gruda-se nela com as fibras da cauda.

Em seguida, injeta substâncias contidas em seu interior. Logo que essas substâncias penetram na bactéria, ela começa a trabalhar apenas para produzir novos vírus. Podemos dizer que a substância injetada pelo vírus na bactéria "tomou o poder", passando a comandar tudo o que ela faz.

Para você ter ideia da rapidez com que o bacteriófago se multiplica, saiba que um único deles que penetra na bactéria pode gerar, em cerca de meia hora, mais de 100 novos vírus. E cada um deles está pronto para invadir uma bactéria sadia.

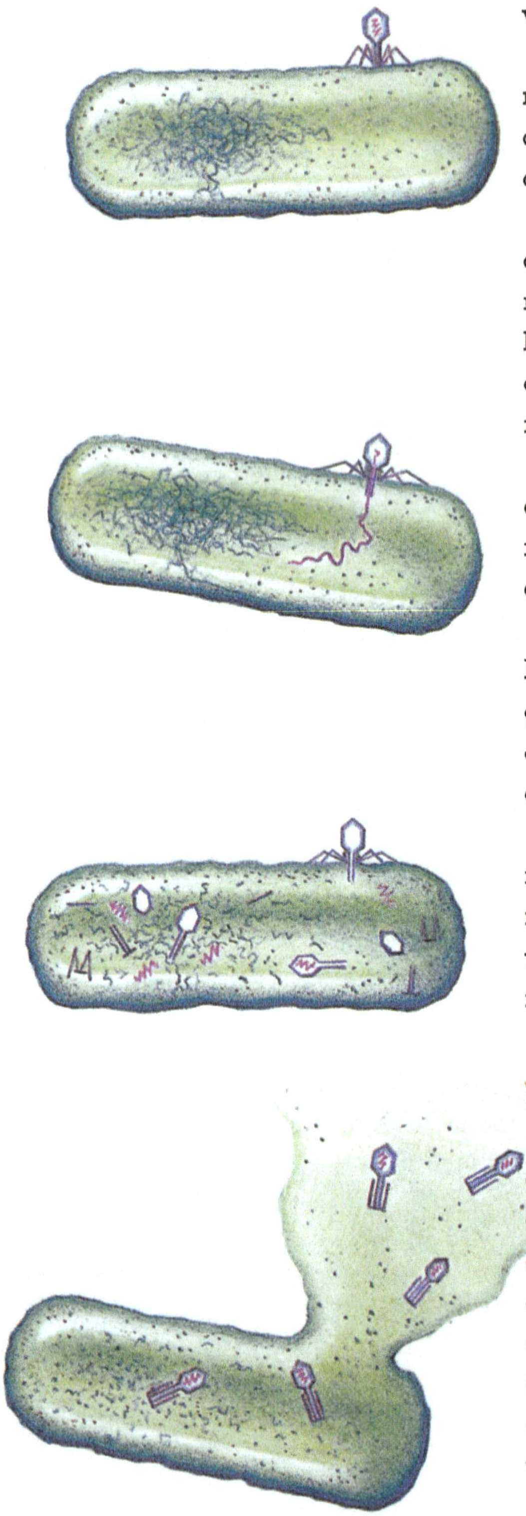

Esquema que mostra um vírus bacteriófago (fago) multiplicando-se no interior de uma bactéria. Quando o fago invasor assume o comando da célula bacteriana, ela passa a produzir novos fagos. Por fim, a bactéria arrebenta, libertando centenas de fagos infecciosos.

Vírus que causam doenças

Os vírus que causam doenças no homem podem entrar no corpo de diversas maneiras. Certos vírus podem ser injetados diretamente no sangue pela picada de insetos, como é o caso do que provoca a febre amarela. Atualmente, sabe-se que o vírus da aids é transmitido diretamente pelo sangue, em transfusões ou por falta de higiene de agulhas e instrumentos cirúrgicos. Outra forma de transmissão da aids é por meio de relações sexuais, quando o vírus pode penetrar através de microfissuras na pele dos órgãos sexuais.

Os vírus que causam as gripes e o sarampo, por exemplo, entram em nosso organismo pelas vias respiratórias. Uma pessoa doente, quando fala ou espirra, joga no ar gotículas invisíveis de saliva nas quais os vírus estão alojados. Se uma pessoa sadia estiver muito perto do doente, pode aspirar essas gotinhas invisíveis e se contaminar pelos vírus.

Embora existam diversos tipos de vírus de gripe, todos eles são parecidos: têm a forma de uma esfera com pequenas fibras que lhe dão um aspecto espinhoso.

Você viu anteriormente que os vírus bacteriófagos não penetram inteiros na bactéria atacada; apenas sua substância interna é nela injetada. Já os vírus da gripe penetram inteiros nas células que forram por dentro as nossas vias respiratórias.

No interior dessas células, os vírus gripais passam a comandar toda a atividade. Dentro de poucas horas, as células doentes começam a soltar novos vírus completamente formados, que imediatamente atacam células sadias. É nessa fase que a doença se transmite, pois um simples espirro que soltamos arremessa no ar centenas de vírus infecciosos.

Os vírus da gripe não estouram as células onde penetram, mas muitas delas podem morrer devido à infecção. O mal estar de gripe é causado tanto pela perturbação que os vírus causam nas células como pela nossa resposta de defesa contra a infecção. Imediatamente após sermos atacados pela gripe, nosso corpo começa a fabricar substâncias de defesa, os anticorpos, que passarão a destruir os vírus invasores.

Se descansarmos e nos alimentarmos bem, dentro de alguns dias a gripe deverá passar. Pessoas malnutridas, entretanto, podem custar a sarar, e há casos em que a doença chega a debilitar tanto que leva à morte.

Infelizmente, nem todas as infecções por vírus são brandas como a gripe. A raiva, a poliomielite e a aids, por exemplo, podem matar.

Uma vez em nosso corpo, os vírus invadem as células microscópicas que formam nossos órgãos. Os vírus da hepatite, por exemplo, atacam as células do fígado; os da gripe atacam as células dos pulmões e das vias respiratórias; os da aids atacam os glóbulos brancos do sangue.

Contra os vírus não adianta usar antibióticos. Por enquanto, a única alternativa é a medicina preventiva, já recomendada por uma antiga e sábia sugestão: "Todo o cuidado é pouco: mais vale prevenir do que remediar".

Além de conhecer as doenças virais para saber evitar o contágio, podemos recorrer à vacinação, quando esse método é possível. Infelizmente, a medicina ainda não descobriu vacinas eficientes contra todas as doenças virais.

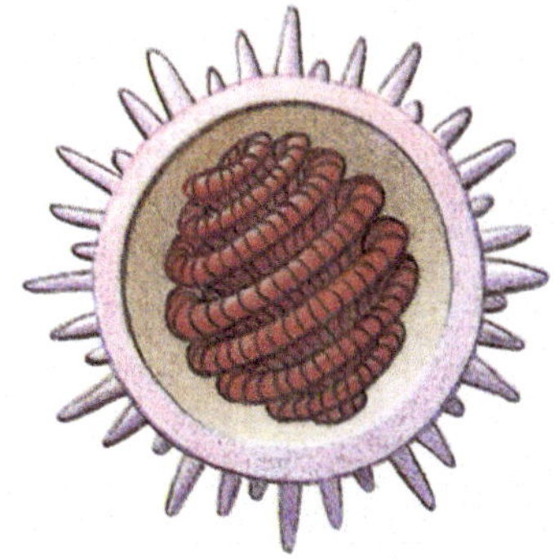

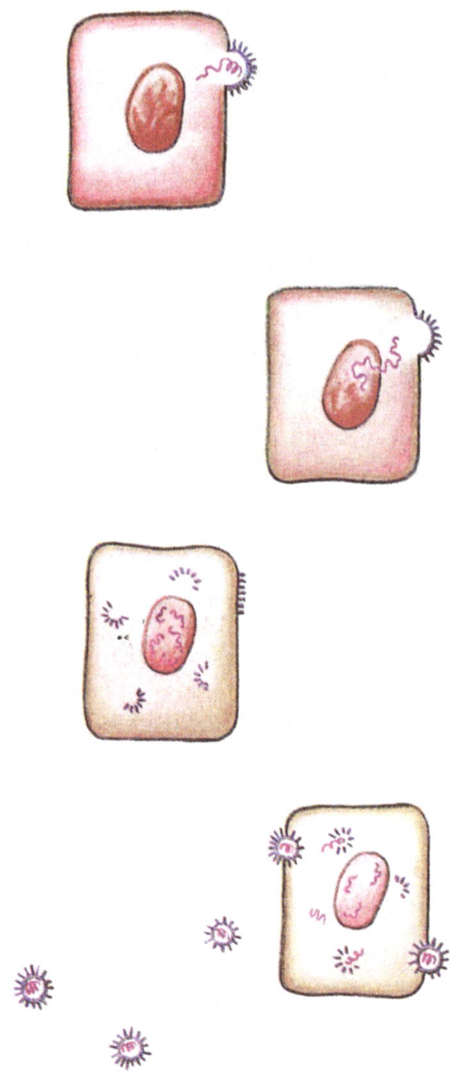

No alto, esquema de um vírus causador de gripe, ampliado cerca de 500 mil vezes. Mais abaixo, sequência da penetração de um vírus em uma célula do sistema respiratório humano, como as que revestem as vias nasais e a garganta. O vírus está muito ampliado em relação à célula. Algum tempo depois de sua entrada, o vírus se multiplica e a célula doente passa a liberar novos vírus, que podem infectar células sadias.

BIOPHOTO ASSOCIATES/SCIENCE PHOTO LIBRARY

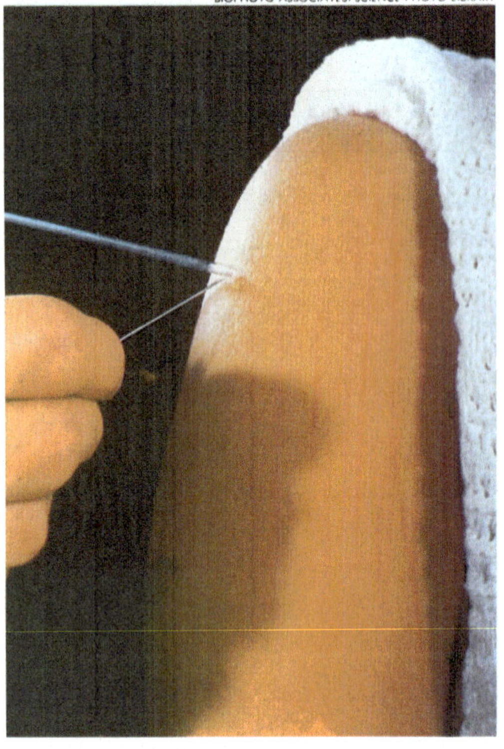

Paciente sendo vacinada contra varíola. Em 1980, depois de ampla campanha mundial de vacinação, a Organização Mundial de Saúde considerou a varíola praticamente erradicada do mundo.

A vacinação consiste em injetar em nosso corpo vírus previamente tratados, de modo que não nos causem a doença. Poderíamos nos perguntar: então a vacina contra varíola é feita com os próprios vírus da varíola?

Isso mesmo. Quando injetamos em nosso corpo vírus de varíola previamente tratados, eles não nos causam a doença, mas fazem com que o corpo reaja, produzindo *anticorpos*. Se nosso corpo for, mais tarde, atacado pelos vírus infecciosos, já estaremos preparados.

Como se pode ver, os vírus não são exatamente nossos aliados no conjunto de seres da natureza. Na verdade, são os parasitas mais especializados que existem: vivem exclusivamente dentro de células e quase sempre as destroem.

Austrália: vírus *versus* coelhos

Para provar que quase tudo tem dois lados, já aconteceram casos em que vírus foram utilizados para o benefício da humanidade. Isso aconteceu na década de 1950, quando a Austrália era assolada por uma verdadeira praga, não de vírus, mas de coelhos.

Esses roedores, aparentemente inofensivos, haviam sido introduzidos no continente australiano no fim do século passado e se reproduziram tão espetacularmente que se tornaram um transtorno para os fazendeiros. Os coelhos comiam todo o pasto destinado ao gado, principal recurso da região. A quantidade de coelhos era tamanha que chegava a causar erosões profundas no solo simplesmente por pularem de um lado para outro.

O que os venenos e as caçadas em massa não fizeram, fez o vírus da mixomatose: exterminou 99% da população de coelhos da Austrália.

Hoje, vírus e coelhos vivem em equilíbrio no continente australiano. Basta que a população de coelhos cresça um pouco para que aumente imediatamente sua mortalidade por mixomatose. Isso é explicado da seguinte maneira: o vírus é transmitido por um mosquito cujo alcance de voo não é muito grande. Se a população de coelhos aumenta, fica mais fácil o mosquito transmitir o vírus, provocando a morte de mais coelhos.

No final de um livro como este, vale a pena ressaltar o que já deve ter ficado claro sobre os micro-organismos: não podemos taxá-los indiscriminadamente de amigos ou inimigos, ou úteis e nocivos. Como vimos, os seres microscópicos aí estão causando doenças que devemos saber evitar e benefícios que devemos saber aproveitar.

Continuação da história da página 10

Jotagê se envolveu tanto com o livro do professor Carneiro que o mundo microscópico, com seus curiosos habitantes, começou a parecer tão fascinante quanto uma boa ficção científica.

Esses incríveis micróbios

IV

Um miado cortou a escuridão da noite. Um longo lamento, desses que arrepiam a gente, como se fosse um vento gelado e penetrante.

— Anticorpus! — reconheceu Jotagê, enquanto caminhava pé ante pé no que lhe parecia ser um longo e acidentado túnel. Sem conseguir enxergar, tropeçou em algo volumoso que cruzava seu caminho e quase caiu.

Subitamente, numa explosão sem som, tudo se iluminou. Jotagê estava, agora, numa espécie de caverna imensa: até onde sua vista alcançava, havia uma floresta de filamentos brilhantes, de vários tamanhos e cores, retorcendo-se como minhocas enlouquecidas. Seres gelatinosos, como águas-vivas, flutuavam por toda a parte e cresciam, de segundo a segundo, ao mesmo tempo que os filamentos multiplicavam-se numa velocidade frenética.

— Meu Deus! Que lugar estranho e imenso! — exclamou o garoto. Sentiu-se

pequenininho, como se fosse um vírus. Veio-lhe uma onda de medo profundo: — É isso! Eu me transformei num vírus, e essas coisas gosmentas são os glóbulos brancos! — O medo aumentou mais ainda, levando-o à beira do pânico.

Sempre tentando ir adiante, para escapar àquela paisagem aterradora, Jotagê começou a reparar que os seres gelatinosos começavam a concentrar-se à sua volta, como se estivessem se preparando para um ataque em massa. Jotagê tinha a impressão de ter assistido a um filme parecido com aquilo tudo, mas não conseguia lembrar-se direito que filme era esse. Ao desviar-se da investida de um dos seres gelatinosos, ouviu, ao longe, gritos de socorro. "Deve ser a Liliam", imaginou, enquanto o atacante passava rente, deixando de atingi-lo por pouco. "Essas coisas gosmentas já pegaram minha prima e agora chegou a minha vez..."

Começou a suar frio e tentou gritar. Mas era como se sua garganta estivesse cheia de algodão. Quis correr, mas suas pernas não saíam do lugar.

Aterrorizado, pensou: "Não há mais esperança. É o fim de tudo". Mas, exatamente nesse instante, foi como se a garganta se destampasse e a voz lhe voltou. Jotagê gritou com toda a força que tinha. Gritou tão alto que... acordou!

Viu-se na casa dos tios, na cama onde permanecera deitado durante a última semana, por causa da infecção que alterara o rumo das suas férias. Estava molhado de suor e assustado. Sobre seu peito, Anticorpus, o gato, ronronava suavemente, e, ao seu lado, estava o professor Carneiro, dizendo em tom tranquilizador:

— Calma, garotão! Você estava tendo um sonho ruim... Foi só isso.

— Que sonho mais maluco — comentou Jotagê, aliviado. — Eu era um micro-organismo que estava sendo atacado por um terrível bando de glóbulos brancos e acordei bem na hora que eles iam me engolir...

Foi quando Serginho entrou no quarto, correndo, com uma fita de vídeo na mão:

— Surpresa para você, primo — disse ele alegremente. — Um filmaço sobre monstros pré-históricos em Nova York! Que tal, seu Zé Geraldo?

— Deixe o filme pra lá, Serginho... Acabei de sonhar que estava sendo perseguido por glóbulos brancos do tamanho de cavalos. Do jeito que anda minha imaginação, o que será que eu iria sonhar depois desse filme? — E fingindo-se de zangado, disse ao primo: — Não me chame nunca mais de Zé Geraldo! Meu nome é Jotagê!

Como se tivesse achado engraçadíssimo, Anticorpus miou longamente e lambeu as patas. Jotagê, surpreso com o gato, deu uma boa risada.